手绘中国
HUI ZHONGGUO

厦门城事绘

XIAMEN CHENG SHI HUI

马达 著

青岛出版集团 | 青岛出版社

目录

第一章　白话厦门

第二章　厦门风俗

第三章 厦门景致

第四章 厦门物产

第五章　厦门情趣

第六章　风云人物

第一章

白话厦门

《鹭江志》厦门古城地图

鬼仔潭
浮屿
桥仔头
溪岸
麻灶
吴仓
白鹤岭
内关帝
北门
后崎尾
西门
道爷街
王屏书院
提督衙
夏门城
靖山头
虎山
南普陀
朝天宫
南门
东门
镇南关
鸿山寺
太爷街
埔头
演武亭
长添河
水仙宫
户部街
虎头山
火仔垵
市仔街
炮台
武馆
文馆

厦门城市建置

夏、商时期

属扬州

鹭岛：相传厦门远古时为白鹭栖息之地，故称之为「鹭岛」。

西周时期

属七闽地

春秋战国

属越闽地

秦代

属闽中郡

秦南平百越后，置闽中郡（即今福建省），厦门属之。

汉代

属闽越国

三国两晋南北朝时期

三国时期

属吴国。

公元二八二年

属同安县：公元二八二年置同安县，厦门属之。不久同安县裁撤，厦门被并入南安县。

隋唐五代时期

同安县

公元八〇三年，析南安县西南部置大同场；公元九三三年大同场升为同安县，辖域包括今的厦门全部、金门县及龙海市东北部地区。

宋代

嘉禾里

属泉州。

唐末厦门岛因产「一茎数穗」的水稻，已有「嘉禾屿」、「嘉禾里」之名。自唐至清末，厦门的行政区划一直是同安县辖的嘉禾里。

元代

嘉禾里

属泉州路。

明代

明初

中左所：明初，江夏侯周德兴于闽南建永宁卫，在永宁卫下设的左右、中、前、后五所中，中左所在厦门，此厦门岛被称为「中左所」。

公元一三八七年

厦门：公元一三八七年，江夏侯周德兴修筑厦门城，厦门之名由此始。

清代

公元一六五五年

思明州：公元一六五五年，郑成功置思明州，公元一六八〇年废。

公元一六八四年

厦门：公元一六八四年，清政府设台厦兵备道，统一管理厦门与台湾军政要务。

公元一七二七年

厦门：台厦兵备道被取消，清政府将原设泉州的兴泉兵备道衙门移驻厦门，厦门属兴泉兵备道。

民国时期

思明县 一九一二年

一九一二年四月，析同安县嘉禾里（厦门）及金门、大小嶝岛，置思明县，九月升为思明府，旋即废除。

思明县 一九一四年

一九一三年设南路道，一九一四年改为厦门道，思明县属之，一九二五年废。

厦门特别市 一九三三年

一九三三年，「中华人民共和国人民革命政府」设厦门特别市，旋废，厦门恢复思明县制，由福建政府直辖。

思明县 一九三四年

属第五行政督察区。

厦门市 一九三五年

一九三五年四月，以厦门及鼓浪屿等七个岛屿设厦门，属第四行政督察区。

厦门沦陷 一九三八年

一九三八年五月，日本侵占厦门，厦门沦陷。

厦门市政府 一九四五年

一九四五年，抗战胜利，国民政府恢复厦门市政府建制，由福建省政府管辖。

中华人民共和国时期

一九四九年

一九四九年十月，厦门解放，为福建省辖市。

一九七九年

一九七九年，厦门与深圳、珠海、汕头一起成为经济特区。

二〇〇三年

二〇〇三年五月起，经国务院批准厦门市调整部分行政区划，厦门辖思明区、湖里区、集美区、海沧区、同安区和翔安区六个市辖区。

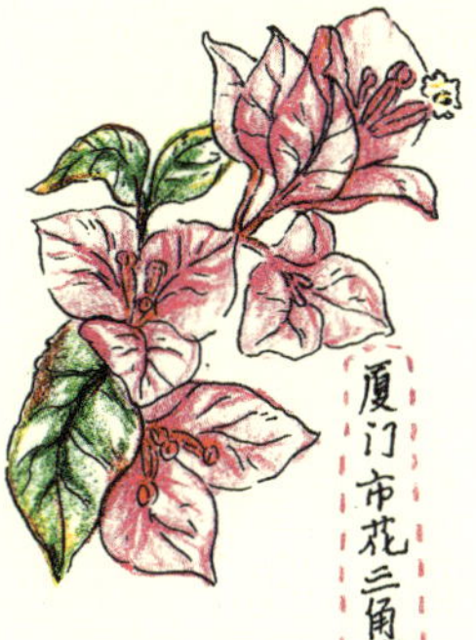

厦门市花三角梅

厦门建置

夏、商时期

● 属扬州

● 鹭岛：相传厦门远古时为白鹭栖息之地，故称之为“鹭岛”。

西周时期

● 属七闽地

春秋战国时期

● 属闽越地

秦代

● 属闽中郡：秦南平百越后，置闽中郡（今福建省），厦门属之。

汉代

● 属闽越国

三国两晋南北朝时期

● 三国时期　属吴国

● 公元282年　属同安县：公元282年置同安县，厦门属之。不久同安县裁撤，厦门被并入南安县。

隋唐五代时期

● 同安县：公元803年，析南安县西南部置大同场，公元933年大同场升为同安县，辖域包括今厦门市全部、金门县及龙海市东北部。

宋代

● 嘉禾里：属泉州（厦门岛因产“一茎数穗”的水稻，已有“嘉禾屿”“嘉禾里”之名。自后唐至清末，厦门的行政区划一直是同安县绥德乡嘉禾里。）

元代

● 嘉禾里：属泉州路

明代

● 明初　中左所：明初，江夏侯周德兴于闽南建永宁卫。在永宁卫下设的左、右、中、前、后五所中，中、左两所就在厦门岛上，由此厦门岛被称为“中左所”。

● 公元1387年　厦门：公元1387年，江夏侯周德兴修筑厦门城，厦门之名由此而始。

清代

● 公元1655年　思明州：公元1655年，郑成功置思明州，公元1680年被废。

● 公元1684年　厦门：公元1684年，清政府设台厦兵备道，统一管理厦门与台湾军政要务。

● 公元1727年　厦门：台厦兵备道被取消，清政府将原设泉州的兴泉兵备道衙门移驻厦门，厦门属兴泉兵备道。

公元1903年，鼓浪屿成为公共租界，不属厦门管辖。

鸦片战争后，厦门港成为中国最早开放的五个口岸城市之一。

民国时期

● 1912年　思明县：1912年4月，析同安县嘉禾里（厦门）及金门、大小嶝岛置思明县，9月升为思明府，旋即废除。

● 1914年　思明县：1913年设南路道，1914年改为厦门道，思明县属之，1925年废。

● 1933年　厦门特别市：1933年“中华共和国人民革命政府”（即“福建人民政府”）设厦门特别市，旋废，厦门恢复思明县建制，由福建省政府直辖。

● 1934年　思明县：属第五行政督察区。

● 1935年　厦门市：1935年4月，以厦门及鼓浪屿等7个岛屿设厦门市，属第四行政督察区。

● 1938年　厦门沦陷：1938年5月，日本侵占厦门，厦门沦陷。

● 1945年　厦门市政府：1945年，抗战胜利，国民政府恢复厦门市政府建制，由福建省政府管辖。

中华人民共和国时期

● 1949年10月　厦门解放:为福建省辖市。

● 1979年　经济特区：厦门与深圳、珠海、汕头一起成为经济特区。

● 2003年5月起，厦门市调整部分行政区划，厦门辖思明区、湖里区、集美区、海沧区、同安区和翔安区6个市辖区。

厦门原来是鹭岛

很多城市，往往会因为一些特殊事物而为大家所熟知。就像北京因为曾是多个朝代的政治中心而被称为「帝都」，南京因为喜食鸭馔被称为「鸭都」，有人还将盛产大熊猫的成都戏称为「猫城」。厦门则因为白鹭众多而被称为「鹭岛」。白鹭不仅让这座城市更美丽，还是这座城的保护使者。

据说很早以前，厦门岛上寸草不生。一日，一群白鹭飞到这里歇息，见这里虽然十分荒凉，但是海里鱼虾成群，且没有毒蛇猛兽和凶悍的猎人，是个定居的好地方，于是就留了下来。白鹭们衔来花籽和草籽种下，又嘴啄爪挖，开凿了许多泉眼，将这个荒凉的小岛变成鸟语花香之地。这座绚丽的小岛很快就被众多动物知晓，包括盘踞在东海里的蛇王。蛇王十分妒忌，打算将其据为己有，于是到岛上兴风作浪。白鹭们为了保护家园，与蛇妖殊死搏斗。眼看领头的大白鹭就要将蛇王打败，却不慎被蛇王咬伤，血如泉涌。神奇的是，白鹭血流之处，长出一棵棵挺拔的大树，大树的叶子宽如鹭羽，开出的花朵红似鹭血，人称凤凰木。最终，白鹭经过拚死博斗，将蛇妖赶走，岛上重回平静安乐。人们为了纪念白鹭为这座岛所作的贡献，将这座岛命名为鹭岛。一九八六年，厦门市政府将白鹭定为市鸟，将凤凰木定为市树。

以鸟喻人，这个故事彰显了古时候厦门人建设厦门岛、保护厦门岛的事迹。人们品行可嘉，而白鹭也是人们心中的神鸟，于是经神话演绎，成就了这么一段美好的传说。

凤凰木

鹭蛇相争

那些城市的别称

城市	别称	城市	别称	城市	别称
广州	羊城	哈尔滨	冰城	武汉	江城
苏州	水城	青岛	岛城	成都	蓉城
济南	泉城	太原	龙城	南京	石头城
重庆	山城	抚顺	煤都	长春	车城
福州	榕城	拉萨	日光城	吐鲁番	火洲

厦门原来是鹭岛

很多城市，往往会因为一些特殊事物而为大家所熟知。就像北京因为曾是多个朝代的政治中心而被称为“帝都”，南京因为喜食鸭馔被称为“鸭都”，有人还将盛产大熊猫的成都戏称为“猫城”。厦门则因为白鹭众多而被称为“鹭岛”。白鹭不仅让这座城市更美丽，还是这座城的保护使者。

据说很早以前，厦门岛上寸草不生。一日，一群白鹭飞到这里歇息，见这里虽然十分荒凉，但是海里鱼虾成群，且没有毒蛇猛兽和凶悍的猎人，是个定居的好地方，于是就留了下来。白鹭们衔来花籽和草籽种下，又嘴啄爪挖，开凿了许多泉眼，将这个荒凉的小岛变成鸟语花香之地。

这座绚丽的小岛很快就被众多动物知晓，包括盘踞在东海里的蛇王。蛇王十分妒忌，打算将其据为己有，于是到岛上兴风作浪。白鹭们为了保护家园，与蛇妖殊死搏斗。眼看领头的大白鹭就要将蛇王打败，却不慎被蛇王咬伤，血如泉涌。神奇的是，白鹭血流之处，长出一棵棵挺拔的大树，大树的叶子宽如鹭羽，开出的花朵红似鹭血，人称凤凰木。最终，白鹭经过拼死搏斗，将蛇妖赶走，岛上重回平静安乐。人们为了纪念白鹭为这座岛所作的贡献，将这座岛命名为鹭岛。1986年，厦门市政府将白鹭定为市鸟，将凤凰木定为市树。

以鸟喻人，这个故事彰显了古时候厦门人建设厦门岛、保护厦门岛的事迹。人们品行可嘉，而白鹭也是人们心中的神鸟，于是经神话演绎，成就了这么一段美好的传说。

厦门名字里的道道

每个名字的由来都有说头。人名往往蕴含美好寓意，地名往往源于地方特色。一三八七年，明初大将周德兴为抗倭，来到厦门建城，并将其命名为「厦门」。至于为什么叫厦门，他却没说，或者说了没被历史记载下来。后人就此展开猜测，给出了几种说法。

有人说，这里原来有个厦门村，周德兴将厦门城建在了厦门村旁边，所以就将新城称为「厦门」，后来这二字指代范围不断扩大，就成了厦门的称呼；也有人说，厦门处于九龙江口外侧，相对于内侧的海门而言，是下面的出海口，俗称「下门」。在闽南方言中，「Sha」与「Xia」读音相近，因而「厦门」由「下门」的谐音雅化而来；还有一种说法是，厦门位于我国东南沿海，地理位置重要，自古就是东南门户，是国家大厦之门，因而叫厦门。除此之外，还有人认为，取「厦门」之名，是为了向倭寇表明，这里是华夏之土，不容倭寇侵犯。

这些只是「厦门」这个名字里的道道，事实上，厦门还曾经有过其他的名字。最初因为白鹭众多而得名「鹭岛」；唐末宋初时，因厦门生产一种「一茎数穗」的水稻，而有了「嘉禾屿」的称呼，明初实行卫所制度，永宁卫的中所和左所都设在此，因此当时也被称为「中左所」；郑成功又将其命名为「思明州」以表心迹；近代以来，外国人又给它起了个「Amoy」的英文名。所以光看名字，就知道厦门是座有故事的城市。

厦门城旧址

厦门名字里的道道

每个名字的由来都有说头。人名往往蕴含美好寓意，地名往往源于地方特色。1387年，明初大将周德兴为了抗倭，来到厦门建城，并将其命名为“厦门”。至于为什么叫“厦门”，他却没说，或者说了没被历史记载下来。后人就此展开猜测，给出了几种说法。

有人说，这里原来有个厦门村，周德兴将厦门城建在了厦门村旁边，所以就将新城称为“厦门”，后来这二字指代范围不断扩大，就成了厦门的称呼；也有人说，厦门处于九龙江口外侧，相对于内侧的海门而言，是下面的出海口，俗称“下门”。在闽南方言中，“sha”与“xia”读音相近，因而“厦门”由“下门”的谐音雅化而来；还有一种说法是，厦门于我国东南沿海，地理位置重要，自古就是东南门户，是国家大厦之门，因而叫厦门；除此之外，还有人认为，取“厦门”之名，是为了向倭寇表明，这里是华夏之土，不容倭寇侵犯。

这些只是“厦门”这个名字里的道道，事实上，厦门还曾经有过其他的名字。最初因为白鹭众多而得名“鹭岛”。唐末宋初时因生产一种“一茎数穗”的水稻而有了“嘉禾屿”的称呼；明初实行卫所制度，永宁卫的中所和左所都设在此，因此当时也被称为“中左所”；郑成功又将其命名为“思明州”，以表心迹；近代以来，外国人又给它起了个“Amoy”的英文名。所以光看名字，就知道厦门是座有故事的城市。

厦门成为『成功之地』

在厦门不知道郑成功的人会被看成外星人。历史上，郑成功曾长据厦门。思明区的名字就来源于他曾将厦门改名为「思明州」。岛上的皓月园、日光岩、演武大桥等众多景点，都与他有关。但厦门是如何与郑成功结缘，成为「成功之地」的呢？

一六四四年，清军南下，郑成功的父亲郑芝龙投降满清。郑成功却带着一支军队前往金门岛，扛起了反清大旗。由于金门岛面积狭小，粮食供应不足，郑成功就打算将靠近陆地的厦门岛拿下。当时厦门岛被郑成功的族兄郑彩和郑联占据，这两人手下尽是猛将良船，强攻胜算不大，郑成功只得伺机而动。

一六五〇年中秋节前夕，郑彩带兵外出，郑联留守。还未投降清朝的施琅向郑成功献计：让郑成功带领四艘大船，装作给郑联送中秋礼，其余战船则打扮成商船在厦门岛附近航行。到时候拿了郑联，攻占厦门岛。中秋节晚上，郑成功携礼登岛拜访。此时，酒肉之徒郑联已经酩酊大醉，第二日才得见。郑联本就觉得郑成功还是毛头小子（那时郑成功二十七岁），见郑成功又是中秋送礼，并未起疑。郑成功问他借兵抗清，他也爽快答应。郑成功一看军队都肯借，那肯定是对自己放心，于是悄悄传令，命各船进港听命。晚上，郑成功设宴还礼，郑联又是顿狂饮。哪知郑成功已经在郑联回府的路上做好埋伏，郑联一到，杀手立即将其杀死。由于郑联平日不务正业，他的部下早已无心追随，而郑成功管理有方，美誉在外，所以诸将纷纷归顺。厦门岛就这样成了「成功之地」。

郑成功为什么不降清？

有种说法是，郑成功从小跟随母亲长大，与母亲感情深厚。清兵南下时，将郑成功的母亲害死，由此郑成功对清朝充满了怨恨，不肯降清。

刺杀郑联

厦门成为“成功之地”

在厦门，不可不知郑成功。历史上，郑成功曾长据厦门。思明区的名字，就来源于他曾将厦门改名为“思明州”。岛上的皓月园、日光岩、演武大桥等众多景点都与他有关。但厦门是如何与郑成功结缘，成为“成功之地”的呢?

1644年，清军南下，郑成功的父亲郑芝龙降清后，郑成功却带着一支军队前往金门岛，扛起了反清大旗。由于金门岛面积狭小，粮食供应不足，郑成功就打算将靠近大陆的厦门岛拿下。当时厦门岛被郑成功的族兄郑采和郑联占据，这两人手下尽是猛将良船，强攻胜算不大，郑成功只得伺机巧取。

1650年中秋节前夕，郑采带兵外出，郑联留守。还未投降清朝的施琅向郑成功献计，让郑成功带领四艘大船装作给郑联送中秋礼，其余战船则打扮成商船在厦门岛附近航行，准备攻占厦门岛。中秋节晚上，郑成功携礼登岛拜访。此时，酒肉之徒郑联已经酩酊大醉，第二日才得见。郑联当时觉得27岁的郑成功还是“毛头小子”，而且毛头小子又送来中秋节礼，因此并未起疑。郑成功假意问他借兵抗清，他也爽快答应。郑成功一看，军队都肯借，那肯定是对自己放心，于是悄悄传令，命各船进港听命。晚上，郑成功设宴还礼，郑联又是一顿狂饮。哪知郑成功已经在郑联回府的路上做好埋伏，郑联一到，杀手立即将其杀死。由于郑联平日不理政务，他的部下早已无心追随，而郑成功管理严明，声名在外，所以诸将纷纷归顺。厦门岛就这样成了“成功之地”。

让厦门重归于寂的『迁界』政策

郑成功占据厦门后，曾极力发展海上贸易，使得厦门一时热闹非凡。但十九年后，厦门却重归于寂。这期间发生了什么呢？一六六一年四月二十一日，郑成功成功驱逐了占领台湾的荷兰侵略者，收复了台湾。这本是大好事，但在当时的清政府眼中，这是个麻烦。因为郑成功占据台湾，为他抗清增加了筹码，清政府消灭郑氏势力的难度加大了。

一六六二年，郑成功逝世，郑氏集团内部分裂。清政府趁机进攻郑氏在大陆的根据地——厦门。郑成功之子郑经派人到海上截击，谁料岛上的守将投降了清军。郑经只好放弃厦门，退守台湾，厦门岛归清兵所有。

执行迁界政策的厦门人

由于清兵水上作战能力比不过郑氏军队，于是清政府就想出了『迁界』这一招，也就是划定一个濒海范围，将居住在这个范围内的居民迁移，以此来防止郑氏从厦门岛等沿海地区获得接济。迁移限期三天，三天之后没迁走，那就杀头。三天后，清军开始扫城。先是杀光未迁走的百姓，然后纵火烧房烧船烧树木，以防止被郑氏军队利用。厦门因为以前是郑成功抗清的根据地，所以清理得尤其彻底，破坏得也就尤其严重。经过这么一番折腾，那个鸟鸣林幽、富裕繁盛的厦门不见了，成了清军水师的一个停泊场所。

迁界政策确实让郑氏家族束手无策，因为那时台湾还没开发出来，郑氏政权急需大量物资，没有大陆补给是致命的。但不得不说，这个政策让厦门繁华热闹戛然而止，重归于寂，对厦门伤害巨大。

让厦门重归于寂的“迁界”政策

郑成功占据厦门后，曾极力发展海上贸易，使得厦门一时热闹非凡。但十几年后，厦门却重归于寂。这期间发生了什么呢？

1661年4月21日，郑成功成功驱逐了占领台湾的荷兰侵略者，收复了台湾。这本是大好事，但在当时的清政府眼中，这是个麻烦。因为郑成功占据台湾，为他抗清增加了筹码，清政府消灭郑氏势力的难度加大了。

1662年，郑成功逝世，郑氏集团内部分裂，清政府趁机进攻郑氏在大陆的根据地——厦门。郑成功之子郑经派人到海上截击，谁料岛上的守将投降了清军。郑经只好放弃厦门，退守台湾，厦门岛归清兵所有。

由于清兵水上作战能力比不过郑氏军队，于是清政府就想出了“迁界”这一办法，也就是划定一个濒海范围，将居住在这个范围内的居民强制迁移，以此来防止郑氏从厦门岛等沿海地区获得接济。迁移限期三天，三天之后没迁走的，就会被杀头。三天后，清军开始扫城。先是杀光未迁走的百姓，然后纵火烧房、烧船、烧树木，以防止被郑氏军队利用。厦门因为以前是郑成功抗清的根据地，所以清理得尤其彻底，破坏得也就尤其严重。经过这么一番折腾，那个鸟鸣林幽、富裕繁盛的厦门不见了，成了清军水师的一个停泊场所。

迁界政策确实让郑氏家族束手无策。因为那时台湾还没被开发出来，郑氏政权急需大量物资，没有大陆补给是很致命的。但不得不说，这个政策让厦门的繁华热闹戛然而止，重归于寂，对厦门伤害巨大。

小贴士：

迁界政策划定的濒海范围从三十里左右，到四十里、五十里，乃至二三百里不等，划定后在沿街界设界碑甚至修界墙，私自越界者杀无赦。

厦门港的辉煌史

商船

厦门港在清朝之前并不像泉州港和漳州港那么有名。郑成功到厦门后，为养活军队，以厦门为中心发展海上贸易，开启了厦门港的黄金时代。清政府在与郑氏政权对抗期间，虽然实行过「迁界」政策，几乎把清朝变成了个内陆国，但终究抵挡不住海上贸易的诱惑。一六八三年，清政府放弃海禁，建立关税制度，在厦门等地设立海关。作为清朝的「通洋正口」，厦门的对外贸易迅速发展，关税每年多达十万两白银，与关税相关的官职都成了肥差。乾隆末年担任厦防同知的黄奠邦为了保住这个官职，每年送给闽浙总督福建巡抚各四千六百两白银。这些白银换算成人民币在八万左右。可见这差事多肥！

除了繁盛的贸易，这里还出现了洋行。一六八四年，一艘英国船驶进厦门港，想和当地人做生意。有人将英国商人带到一家店里，店主和他谈了价钱。英国商人嫌价格太低，就去找别的商人。后来他发现，所有商人给的价都一样，他这才明白厦门已经有了包揽贸易的「商总」，也就是「洋行」的前身。雍正年间，清政府在厦门等地正式设洋行。这些洋行和后来由外国人经营的洋行不同，是由中国商人经营的。洋行对进口货物进行价格评定和购销，外国商人想买的货物，外国商人必须住在洋行开办的「番馆」里，并对商船办理手续。可见，厦门港的对外贸易正在走向成熟。可惜清政府一边盲目自大，认为「天朝物产丰盈，无所不有」，一边又极不自信，生怕外国人与沿海居民勾结造反。

渔船

贿赂官员

厦门的船是方头尖底，特别适合航海。

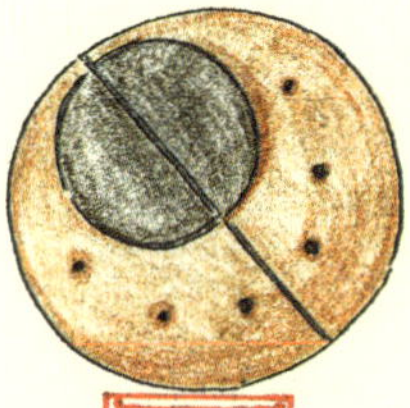

船眼

船两侧装有鱼眼。鱼眼向下寓意能看清底下鱼虾，所以这种船是渔船。而商船上的鱼眼是向前看的，这表达了船主希望看得清前方财路。

厦门港的辉煌史

厦门港在清朝之前并不像泉州港和漳州港那么有名。郑成功到厦门后，为养活军队，以厦门为中心发展海上贸易，开启了厦门港的黄金时代。

清政府在与郑氏政权对抗期间，虽然实行过“迁界”政策，几乎把当时的中国变成了个内陆国，但终究抵挡不住海上贸易的诱惑。1683年，清政府放弃海禁，建立关税制度，在厦门等地设立海关。作为清朝的“通洋正口”，厦门的对外贸易迅速发展，关税每年多达10万两白银，与关税相关的官职都成了肥差。乾隆末年，担任厦防同知的黄奠邦为了保住这个官职，每年送给闽浙总督、福建巡抚各4600两白银。这些白银换算成人民币在80万左右，可见这差事多肥！

除了繁盛的贸易，这里还出现了洋行。1684年，一艘英国船驶进厦门港，想和当地人做生意。有人将英国商人带到一家店里，店主和他谈了价钱。英国商人嫌价格太低，就去找别的商人。后来他发现，所有商人给的价都一样，他这才明白，厦门已经有了包揽贸易的“商总”，也就是“洋行”的前身。雍正年间，清政府在厦门等地正式设洋行。这些洋行和后来由外国人经营的洋行不同，是由中国商人经营的。洋行对进口货物进行价格评定和购销，采购外国人想买的货物。外国商人必须住在洋行开办的“番馆”里，并对商船办理手续。可见，厦门港的对外贸易正在走向成熟。

可惜清政府一边盲目自大，认为“天朝物产丰盈，无所不有”，一边又极不自信，生怕外国人与沿海居民勾结造反。在这种矛盾的思想下，清政府经常变更对外贸易政策，以后的一百余年里，厦门港也就兴一阵衰一阵。

厦门与『波士顿倾茶』

倾茶事件

「只蝴蝶在热带轻轻扇动了一下翅膀，遥远的国家就可能造成一场飓风」，这是著名的蝴蝶效应理论。而厦门也曾无意中做了一次「蝴蝶」，它扇动的翅膀是一七七三年从厦门港装船的安溪茶，掀起的飓风就是美利坚独立这场飓风的风眼，则是波士顿倾茶事件。

在英国还享有「日不落大帝国」名声的时候，中国的茶叶被其贩卖到世界各地，利润之大不可想象。而主要负责运销茶叶的则是著名的「东印度公司」。一七七三年，英国将在北美殖民地销售茶叶的专利权给了东印度公司，而且命令禁止殖民地贩卖「私茶」。由于倾销的茶叶价格比当地便宜一半，北美茶商几乎全部没有了活路。更重要的是，北美民众认为饮用东印度公司的茶叶，就等于还继续受英国殖民者的压迫、剥削，所以北美民众看着一箱箱茶叶进入港口，表现出极大的愤怒，纽约、费城、查尔斯顿人民甚至拒绝御运茶叶。一七七三年十二月十六日，从厦门运进波士顿的三百四十二箱安溪茶到港，波士顿八千多人集会抗议。当天晚上六十名「自由之子」化装成印第安人上了茶船，将所有茶叶倒入大海。据当时跟随茶船到波士顿的厦门茶工转述，六十人看茶叶时的眼神格外凶怖。英国认为这件事情是对殖民政府的挑衅，于是出兵镇压，最终导致了一七七五年美国独立战争的第一声枪响。

东印度公司1600年12月31日，英女王伊丽莎白一世授予该公司皇家特许状，实际上是给予它21年的贸易垄断权。

厦门与“波士顿倾茶”

“一只蝴蝶在热带轻轻扇动了一下翅膀，在另一个遥远的国家就可能造成一场飓风。”这是著名的蝴蝶效应理论，而厦门也曾无意中做了一次“蝴蝶”，它扇动的“翅膀”是1773年从厦门港装船的安溪茶，掀起的“飓风”就是美利坚独立，这场“飓风”的“风眼”，则是波士顿倾茶事件。

在英国还享有“日不落帝国”之名的时候，中国的茶叶被其贩卖到世界各地，利润之大不可想象，而主要负责运销茶叶的则是著名的“东印度公司”。1773年，英国将在北美殖民地销售茶叶的专利权给了东印度公司，而且明令禁止殖民地贩卖“私茶”。由于倾销的茶叶价格比当地便宜一半，北美茶商几乎全部没有了活路。更重要的是，北美民众认为饮用东印度公司的茶叶，就等于继续受英国殖民者的压迫、剥削，所以当北美民众看着一箱箱茶叶进入港口时，表现出了极大的愤怒，纽约、费城、查尔斯顿人民甚至拒绝卸运茶叶。1773年12月16日，从厦门运进波士顿的342箱安溪茶到港，波士顿8000多人集会抗议，当天晚上60名“自由之子”化装成印第安人上了茶船，将所有茶叶倒入大海。据当时跟随茶船到波士顿的厦门苦工转述，这60人看到茶叶时的眼神格外恐怖。英国认为这件事情是对殖民政府的挑衅，于是出兵镇压，最终引发了1775年美国独立战争的第一声枪响。

最后压垮英吉利在美利坚殖民统治的不是稻草，而是茶叶，这一片茶叶正是来自遥远中国的厦门。也有人说，这片茶叶并没影响历史结果，它只是让美国独立提前到来。

小贴士：

波士顿倾茶事件中，塞缪尔·亚当斯(Samuel Adams)和约翰·汉考克(John Hancock)是“自由之子”的领导者。1773年12月23日的《马萨诸塞时报》描述道，“涨潮时，水面上漂满了破碎的箱子和茶叶。自城市的南部一直绵延到多彻斯特湾，还有一部分被冲上岸”。美国在已经废弃的茶叶码头上专门立了一块碑，用来纪念这个重要的历史事件。

厦门为什么取名Amoy

本名	香港	澳门	九龙	广州	沈阳
英文名	Hong kong	Macau	Kowloon	Canton	Mukden

「Amoy」(淘大)酱油世界通行，而「Amoy」一词的本意却是「厦门」，就连厦门大学里由国人编著的《拉丁文印鉴》落款写的都是「UNIVERSITAS AMOIENSIS」而不是「UNIVERSITAS XIAMENSIS」。很多人都会有疑问，为什么厦门会叫「Amoy」。第一次鸦片战争之后，厦门被迫成为开放口岸。当第一个老外向福州海关的官员询问这个地方的名字时，官员并没有用普通话告诉老外「厦门」两个字，而是带着浓重的闽南口音说了「Ah Moy」。老外一开始听了还很高兴，因为这个口音很像「Amen」(阿门)。然而，随行至此的传教士却十分反对这个名字，他们认为一个城市和信仰的主用一个名字，会影响信仰的纯洁。于是传教士呼吁所有信仰天主教的外国人一起学习「厦门」两字的正确发音，但老外学习中国字的发音非常困难，「厦门」两个字有时说成「哈喷」，有时说成「阿恩」「阿本」……而在一些协议、文件中「厦门」两个字也是花样百出。最后，就像给中国起名「China」一样，也给厦门起名「Amoy」。不同的是，「China」是因为中国的瓷器有名，而「Amoy」仅仅是因为老外发不出正确的读音而已。

其实，正像中国人管「San Francisco」叫「旧金山」，管「Washington」叫「华盛顿」一样，都是发音的问题。但是无论到任何地方，用当地的口音来称呼脚下的土地，无疑会拉近自己与当地土著之间的距离。

旧金山：如果说老外对"厦门"二字的发音有困难，才是用来"Amoy"，那么中国人同样对"圣弗朗西斯"无法发音，于是将它重新命名为"旧金山"或者"三藩市"。当然，历史上称"旧金山"之名来源于十九世纪中叶这一代的采金热。

老外学说「厦门」

厦门为什么取名 Amoy

“Amoy（淘大）酱油”世界通行，而“Amoy”一词的本意却是“厦门”，就连厦门大学里由国人编著的《拉丁文印鉴》落款写的都是“UNIVERSITAS AMOIENSIS”，而不是“UNIVERSITAS XIAMENSIS”。很多人都会有疑问，为什么厦门会叫“Amoy”？

第一次鸦片战争之后，厦门被迫成为开放口岸。当第一个老外向福州海关的官员询问这个地方的名字时，官员并没有用普通话告诉老外“厦门”两个字，而是带着浓重的闽南口音说了“Ah Mo”。老外一开始听了还很高兴，因为这个发音很像“Amen（阿门）”。然而，随行至此的传教士却十分反对这个名字，他们认为一个城市和信仰的主用一个名字，会影响信仰的纯洁。于是，传教士呼吁所有信仰天主教的外国人一起学习“厦门”两个字的正确发音，但老外学习中国字的发音非常困难，“厦门”两个字有时说成“哈喷”，有时说成“阿恩”“阿本”……而在一些协议、文件中“厦门”两个字也是花样百出。最后，就像给中国起名“China”一样，他们给厦门起名“Amoy”。不同的是，“China”是因为中国的瓷器有名，而“Amoy”仅仅是因为老外发不出正确的读音而已。

其实，正像中国人管“San Francisco”叫“旧金山”，管“Washington”叫“华盛顿”一样，都是发音的问题。但是，无论到任何地方，用当地的口音来称呼脚下的土地，无疑会拉近自己与当地土著之间的距离。

『阿美士德』号的阴谋

一八三二年，一艘名叫「阿美士德」的英国船悄悄到达厦门。当他们准备抛锚的时候，刚好被中国官船发现。因为是不明船只，地方官员通知他们立即离港。但他们不但不肯离开，还擅自上岸查看岛内地形，私访本地商人，探测港口水深来往船只和附近军队、居民情况。这艘船要干什么呢？

阿美士德号

清末，已经完成工业革命的英国既垂涎于中国的茶叶、丝绸这些特产，又急于打开中国这个庞大的市场。无奈当时清政府闭关锁国，贸易不畅，于是英国就想用武力打开中国大门。有了这一想法，英国便开始派船只先行窥探中国沿海情况，为战争做准备。「阿美士德」就是这些间谍船中的一艘。

英国政府指示「阿美士德」号化装成从孟加拉湾到日本做生意的商船，沿着中国东南沿海航行，搜集情报。船上的负责人是东印度公司的职员胡夏米和德国传教士郭世立。胡原来在广州做过鸦片贩子，精通中文。郭世立则不仅会说中文，还擅长医术，经常一边传教治病，一边搜集情报。

他们于一八三二年先后窥探了澳门、厦门、福州、宁波、上海和威海等地，为英方搜集了大量有效信息。于厦门而言，他们认为这里虽然没什么物产，但靠近茶叶产区，且当地人善于经商，富裕繁盛；厦门港港阔水深，适宜军舰停泊。最关键的是，控制了这里，便控制了福建和台湾，所以强烈建议英国领厦门。

一八四零年，英国向中国发动了鸦片战争，然后逼迫清政府签订《南京条约》，将厦门变成通商口岸。

《南京条约》中关于五口通商口岸的内容：

自今以后，大皇帝恩准英国人民带同所属家眷，寄居大清沿海之广州、福州、厦门、宁波、上海等五处港口，贸易通商无碍；且大英国君主派设领事、管事等官住该五处城邑，专理商贾事宜，与各该地方官公文往来；令英国人按照下条开叙之列，清楚交纳货税、钞饷等费。

“阿美士德”号的阴谋

1832年，一艘名叫“阿美士德”的英国船悄悄到达厦门。当他们准备抛锚的时候，刚好被中国官船发现。因为是不明船只，地方官员通知他们立即离港。但他们不但不肯离开，还擅自上岸，查看岛内地形，私访本地商人，探测港口水深、来往船只和附近军队、居民情况。这艘船要干什么呢?

清末，完成工业革命的英国对中国的茶叶、丝绸等物产垂涎已久，急于打开中国这个庞大的市场。无奈当时清政府闭关锁国，贸易不畅，正在进行殖民扩张的英国就想用武力打开中国大门。有了这一想法，英国便开始派船只先行窥探中国沿海情况，为战争作准备。“阿美士德”就是这些间谍船中的一艘。

英国政府指示“阿美士德”号化装成从孟加拉湾到日本做生意的商船，沿着中国东南沿海航行，搜集情报。船上的负责人是东印度公司的职员胡夏咪和德国传教士郭世立。胡原来在广州做过鸦片贩子，精通中文。郭世立则不仅会说中文，还擅长医术，经常一边传教治病，一边搜集情报。他们于1832年先后窥探了澳门、厦门、福州、宁波、上海和威海等地，为英方搜集了大量有效信息。关于厦门，他们认为这里虽然没什么物产，但靠近茶叶产区，由于当地人善于经商，富裕繁盛；再者厦门港港阔水深，适宜军舰停泊；最关键的是，控制了这里，便控制了福建和台湾。所以他们强烈建议英国占领厦门。

1840年，英国向中国发动了鸦片战争，然后逼迫清政府签订《南京条约》，最终将厦门变成通商口岸。

鼓浪屿成为『万国公地』

一九〇一年的一天，美国驻厦门领事巴詹声敲开了闽浙总督许应骙的门。来者直奔主题，建议把鼓浪屿辟为公共租界。我们知道答应这个要求是丧权辱国的行为，但许应骙却对此表示赞同。这又是为何？

原来，甲午战争后，日本从清政府手中得到了台湾，想进一步得到厦门。美国见厦门就要被日本独吞，很是着急但因为忙于美西战争不能抽身应对，于是就派巴詹声去见许应骙，提出将鼓浪屿变为公共租界。许应骙心想，清政府已经不是日本对手，如果将鼓浪屿设为公共租界，交由英美等国保护，或许可以免入日本虎口。于是，糊涂的许应骙就派人去同各国领事商议。送上门的好事，各国自然支持。

在讨论期间，英国领事满思礼利用中英文翻译上的出入，声称鼓浪屿既是公共租界，那就是把土地租给了各国，中国人无权干涉岛上事务。当地地方官则从「公地」的角度出发，认为鼓浪屿只是给各国一个「落脚地」，外国人并不能干涉岛上事务，双方对此争论不休。这时，糊涂的许应骙又站出来说，只要外国人答应保护厦门，鼓浪屿是公地还是做租界都没什么要紧。此话一出，英美等国都觉得诧异，还有放弃领土主权送给别人的国家？

许应骙想得很好，但是英美等国却又耍了个心眼。一九〇二年，各国领事和当地地方官签订了租界草案，随即草案被送到外交部核查。人们突然发现，在英文版本中，列强并未答应「兼护厦门」。清政府立即向各国公使查问，对方却以各国领事无权承诺「兼护厦门」作为回应。也就是说，鼓浪屿成了公共租界，但并没人承诺要保护它。

一九〇二年，《厦门鼓浪屿公地章程》开始生效，鼓浪屿最终沦为公共租界。

鼓浪屿成为“万国公地”

1901年的一天，美国驻厦门领事巴詹声敲开了闽浙总督许应骙的门。来者直奔主题，建议把鼓浪屿辟为公共租界。我们知道答应这个要求是丧权辱国的行为，但许应骙却对此表示赞同。这又是为何?

原来，甲午战争后，日本从清政府手中抢占了台湾，想进一步得到厦门。美国见厦门就要被日本独吞，很是着急，但因为忙于美西战争，不能抽身应对，于是就派巴詹声去见许应骙，提出将鼓浪屿变为公共租界。许应骙心想，清政府已经不是日本的对手，如果将鼓浪屿设为公共租界，交由英美等国“保护”，或许可以免入日本“虎口”。于是，糊涂的许应骙就派人去同各国领事商议。送上门的好事，各国自然支持。

在讨论期间，英国领事满思礼利用中英文翻译上的出入，声称鼓浪屿既是公共租界，那就是把土地租给了各国，中国人无权干涉岛上事务。当地地方官则从“公地”的角度出发，认为鼓浪屿只是给各国一个落脚地，外国人并不能干涉岛上事务。双方对此争论不休。这时，糊涂的许应骙又站出来说，只要外国人答应保护厦门，鼓浪屿是做公地还是做租界都没什么要紧。此语一出，英美等国都觉得诧异：还有硬将领土主权塞给别人的国家?

许应骙想得很好，但是英美等国却又耍了个心眼。1902年，各国领事和当地地方官签订了租界草案，随即草案被送到外交部核查。人们突然发现，在英文版本中，列强并未答应“兼护厦门”。清政府立即向各国公使查问，对方却以各国领事无权承诺“兼护厦门”作为回应。也就是说，鼓浪屿成了公共租界，但并没人承诺要保护它。

1902年，《厦门鼓浪屿公地章程》开始生效，鼓浪屿最终沦为公共租界。

厦门竖起的第一根电线杆

——两次工业革命将世界带入了现代化进程，而一九零八年厦门首次亮起的万盏电灯则照亮了厦门。一九零八年，美国海军提督额黑利率大西洋舰队十三艘战舰来到厦门，清政府为了满足额黑利的要求，从上海调来一台发电机，在南普陀寺前的演武亭广场安装了万余盏电灯，这是厦门的夜晚第一次亮如白昼，但随着额黑利返航，电灯被拆除，夜晚又是一片黑暗了。直到一九一三年，商人陈祖琛集资十五万银元，筹办的厦门电灯公司的五百瓦发电机组投产发电，厦门的夜晚才开始有了色彩。同一时期，鼓浪屿的英商韦仁洋行也开始供电。

电话与电灯是一对兄弟，缺一不可。一九零七年，林尔嘉在鼓浪屿上创办了家电话公司，名叫「厦门德律风电话公司」，「德律风」是英文「telephone」的译音。早期的电话不能直接打到对方家里，要经过电话公司中转，因此一个新的工种便诞生了——接线员。德律风公司招收了一些声音甜美、精通闽南语和汉语的女学生做接线员，大大提高了电话的普及率。还有不少有钱的小开经常借着接接电话的机会追求女接线员。

至于自来水的普及也有一段故事。厦门与鼓浪屿紧靠海边，长期缺少淡水，人们用水多依靠船仔水」，既费力又不干净。林尔嘉的姻亲黄奕住以厦门最高月薪聘请了一位从美国哈佛大学学成归来的林全成任总工程师，设计建设自来水管道，建成了「厦门自来水公司」。当时，该公司的水质经专家检测居东亚第一，被誉为远东第一水厂。

新技术的产生是人类历史发展的必然结果，率先打破传统、尝试新鲜事物的人都会被载入史册。

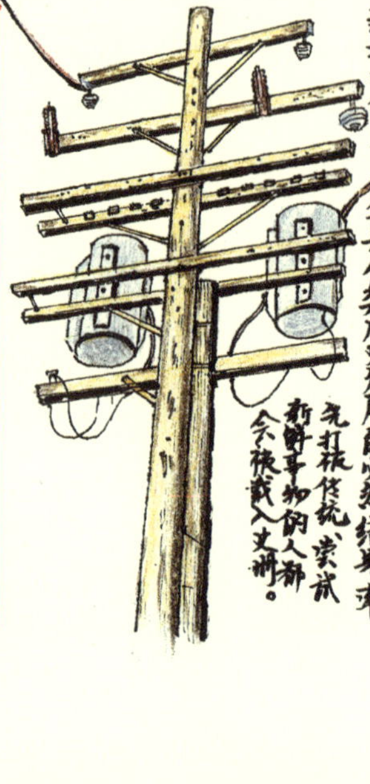

厦门曾被国外水手称为「世界上最脏的两个城市之一」，与今天的花园城市」有天差地别，二十世纪二十年代左右，林尔嘉、黄奕住等著名商人参与建成了厦门第一条马路开元路、第一家电话公司、第一条公共交通路线等设施。

水管材料的变迁：
①上古时候，中国用竹管引水
②罗马时代，罗马人用铅管引水
③工业革命后，有了铁管，少数地区用铜管（如铜矿丰富的智利）

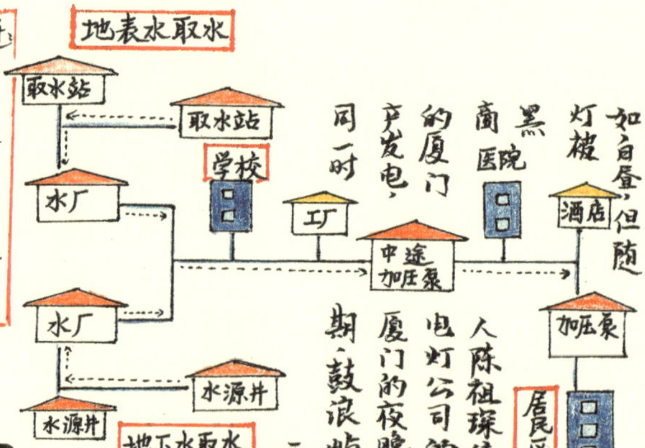

厦门竖起的第一根电线杆

两次工业革命为世界开启了现代化的进程，而1908年厦门首次亮起的万盏电灯则照亮了厦门的现代化进程。

1908年，美国海军提督额黑利率大西洋舰队12艘战舰来到厦门，清政府为了满足额黑利的要求，从上海调来一台发电机，在南普陀寺前的演武亭广场安装了万余盏电灯，这是厦门的夜晚第一次亮如白昼。但随着额黑利返航，电灯被拆除，夜晚又是一片黑暗了。直到1913年，商人陈祖琛集资15万银元筹办的厦门电灯公司的500瓦发电机组投产发电，厦门的夜晚才开始有了色彩。同一时期，鼓浪屿的英商韦仁洋行也开始供电。

有了电灯，之后就会有电话。1907年，林尔嘉在鼓浪屿上创办了一家电话公司，名叫“厦门德律风电话公司”，“德律风”是英文“telephone”的译音。早期的电话不能直接打到对方家里，要经过电话公司中转，因此一个新的工种便诞生了——接线员。德律风公司招收了一些声音甜美、精通闽南语和普通话的女学生做接线员，大大提高了电话的普及率。还有不少有钱的小开经常借着转接电话的机会追求女接线员。

厦门自来水的普及也有一段故事。厦门与鼓浪屿紧靠海边，长期缺少淡水，人们用水多依靠“船仔水”，既费劲又不干净。林尔嘉的姻亲黄奕住以厦门最高月薪聘请从美国哈佛大学学成归来的林全成任总工程师，设计建设自来水管道，成立了“厦门自来水公司”。当时，该公司的水质经专家检测居东亚第一，被誉为“远东第一水厂”。

新技术的产生是人类历史发展的必然结果，率先打破传统、尝试新生事物的人都会被载入史册。

一九三八年五月十日，厦门沦陷日

一九三八年五月十日，日军攻入厦门，这出乎所有人的意料。

抗战之初国民政府最高统帅部认为日军实行的是「先北后南」战略政策，福建地区并不是日军急欲攻占的地方，所以并未在厦门等地配置重兵把守。但套用一句话：你以为你以为的就是你以为的？事实上，日军其实觊觎厦门许久。

厦门乃「八闽门户」，扼守着华东通往华南的海上要道，日军早就想夺取厦门，以此作为进攻华南的基地。早在抗日战争全面爆发前，日本人就已经对厦门的战略地形进行了详细研究。他们绘制的厦门岛地图有十九平方米大，甚至标出了小巷里的每户住家。抗日战争后，日本确实实行了「先北后南」的策略，但在实行的时候并不顺利。尤其一九三八年徐州大战后，日军士气受挫严重，急需打一场胜仗来挽回士气。而此时的厦门防守薄弱，正好给了日军机会。于是日军开始着手准备攻打厦门。

日军在战争初期要攻打厦门已经出人意料，选择在五月九日开战更让人措手不及。原来，袁世凯为了称帝曾在一九一五年五月九日与日本签订了丧权辱国的《二十一条》。后来人们将五月九日定为「国耻日」，每年这天，都举行反日集会。由于一九三八年正值抗战时期，厦门民众担心白天会有日机轰炸，就将这年五月九日白天的集会改在晚上。驻厦的守军为了支援群众，也参加了当晚的集会。但就在这时，日本舰队从金门岛悄悄潜入五通浦口海岸，发起了进攻。

由于防守准备得不充分，日军仅用三天时间就攻陷了厦门全岛，给厦门带来巨大伤痛。

日军炮轰厦门

1938 年 5 月 10 日，厦门沦陷日

1938年5月10日，日军攻入厦门，这出乎所有人的意料。

抗战之初，国民政府最高统帅部认为日军实行的是“先北后南”的战略政策，福建地区并不是日军急欲攻占的地方，所以并未在厦门等地配置重兵把守。但套用一句话：“你以为你以为的就是你以为的？”事实上，日军觊觎厦门许久。

厦门乃“八闽门户”，扼守着华东通往华南的海上要道，日军早就想夺取厦门，以此作为进攻华南的基地。早在抗日战争全面爆发前，日本人就已经对厦门的战略地形进行了详细研究。他们绘制的厦门岛地图有十几平方米大，甚至标出了小巷里的每户住家。抗日战争后，日本确实实行了“先北后南”的策略，但在实行的时候并不顺利。尤其1938年徐州大战后，日军士气受挫严重，急需打一场胜仗来挽回士气。而此时的厦门防守薄弱，正好给了日军机会，于是日军开始着手准备攻打厦门。

日军在战争初期要攻打厦门已经出人意料，选择在5月9日开战更让人措手不及。原来，袁世凯为了称帝，曾在1915年5月9日与日本签订了丧权辱国的《二十一条》。后来人们将5月9日定为“国耻日”，每年这天，都举行反日集会。由于1938年正值抗战时期，厦门民众担心白天会有日机轰炸，就将这年5月9日白天的集会改在晚上。驻厦的守军为了支援群众，也参加了当晚的集会。但就在这时，日本舰队从金门岛悄悄潜入五通浦口海岸，发起了进攻。

由于防守准备得不充分，日军仅用三天时间就攻陷了厦门全岛，给厦门带来了巨大伤痛。

小贴士：

1997年，厦门当地在五通码头附近建造了一座“日寇杀人场遗址”纪念碑。碑身高1.9米，平台面积38平方米。平台两边各有5个台阶，加起来一共10个。这些数字连在一起，正好与厦门沦陷日——1938年5月10日这个日子暗合。

金门战役·输在一时·赢在长久

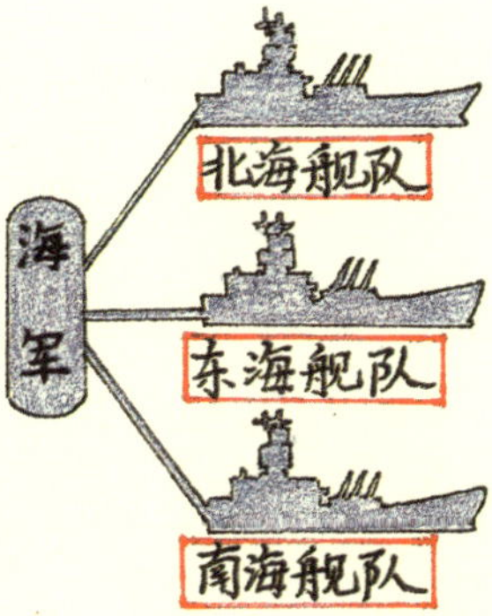

海军下辖北海、东海、南海3个舰队。舰队下辖舰队航空兵、基地支队、水警区、航空兵师和陆战旅等部队。

一九四九年下半年，解放军已经在大陆占绝对优势，国民党撤退到台湾及大陆周边沿海地区小岛作垂死挣扎。十月一日，新中国成立。回想起来，一九四九年就是个胜利年。但这年我们却经历了一场惨痛的战役——金门战役。

一九四九年七月上旬，叶飞带领第三野战军（三野）第十兵团入闽，十月十五日，解放军渡海发动厦门战役。解放军先是佯攻鼓浪屿，让国军判断失误，随后成功占领厦门。紧接着，叶飞集中船只，准备进攻大金门，但鉴于船只数量不足，日期延后。

在陆战方面，解放军的战略战术是无可匹敌的，但在海战方面，当时的解放军还缺乏海战经验，按惯常的海战经验，叶飞部队应该做好水文、地形观测，抢炮船只，准备等工作。但由于渡江以来，解放军如秋风扫落叶般将南方地区迅速解放并未遭遇国民党大军的反抗，所以产生了轻敌轻战的心态，忽略了渡海作战的特殊性，没有准备充分，导致在十月二十四日晚渡海进攻大金门时，遇到船只搁浅，炮弹打不到金门岛等一系列问题，几乎全军覆没。金门战役规模并不大，产生的影响却很深远。解放军积极总结了经验教训，也深刻地认识到海军建设的重要性，在战术准备上也更加认真细致，积极发展建设海军。也正因此，半年后，解放军顺利攻下了海南岛。现在，我们拥有北海、东海、南海三支舰队，也拥有大型区域防空舰、核动力潜艇、AIP潜艇等世界先进武器装备，海防导弹形成系列。金门战役的失利只是一时失利，在总结经验教训的基础上，建立起能打胜仗的海军安邦定国，才是长久之计。

金门战役：输在一时，赢在长久

1949年下半年，解放军已经在大陆占绝对优势，国民党撤退到台湾及大陆周边沿海地区的小岛作垂死挣扎。10月1日，新中国成立。回想起来，1949年就是个胜利年。但这年，我们却经历了一场惨痛的战役——金门战役。

1949年7月上旬，叶飞带领第三野战军（三野）第十兵团入闽，10月15日，解放军渡海发动厦门战役。解放军先是佯攻鼓浪屿，让国民党判断失误，随后成功占领厦门。紧接着，叶飞集中船只，准备进攻大金门，但鉴于船只数量不足，日期延后。

在陆战方面，解放军的战略战术是无可匹敌的，但在海战方面，当时的解放军还缺乏经验。按照惯常的海战经验，叶飞部队应该做好水文、地形观测以及枪炮船只准备等工作。但由于渡江以来，解放军如秋风扫落叶般将南方地区迅速解放，并未遭遇国民党大军的反抗，所以产生了轻敌轻战的心态，忽略了渡海作战的特殊性，没有准备充分，导致在10月24日晚渡海进攻大金门时，遇到船只搁浅、炮弹打不到金门岛等一系列问题，几乎全军覆没。

金门战役规模并不大，产生的影响却很深远。事后，解放军深刻地总结了经验教训，也深刻地认识到海军建设的重要性，在战术准备上也更加认真细致。正因如此，半年后，解放军顺利攻下了海南岛。现在，我们拥有北海、东海、南海三支舰队，也拥有大型区域防空舰、核动力潜艇、AIP潜艇等世界先进武器装备，海防导弹已成体系。

金门战役的失利只是一时，在总结经验教训的基础上，建立起能打胜仗的海军，安邦定国，才是长久之计。

求一九九九年台风在厦门人心中造成的阴影面积

在厦门，只要提起一九九九年的十四号台风，经历过的人无不「谈风色变」。从厦门人的眼神和脸色中可以看出，一九九九年的十四号台风在厦门的心中造成了不小的阴影，阴影面积难以计算。

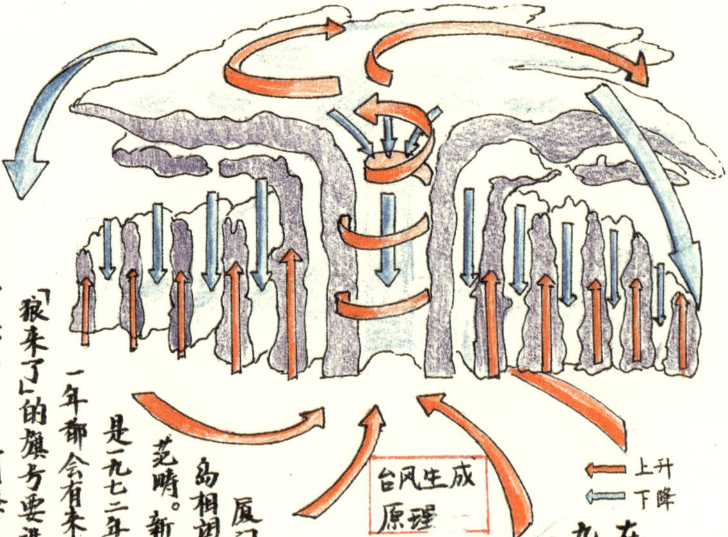

厦门隔着台湾海峡与宝岛相望，相接海面为太平洋范畴。新中国成立以来尤其是一九七二年到一九八八年，几乎每一年都会有来自太平洋的台风打着「狼来了」的旗号要进攻厦门，但最后或者自行绕道，或者与厦门擦肩而过，即使正面登陆也威力骤减。长期而频繁的「有惊无险」难免会让整个厦门变得对台风「有恃无恐」，厦门人对台风的态度从一九四九年建国时的「台风会来」，到一九六九年的「台风可能会来」，再到一九八九年的「台风应该不会来」。直至一九九九年之前甚至有人说「台风不敢来」。当时厦门人更愿意把过于用于防范台风的物资花费到用于日常生活中，结果一九九九年，十四号台风在太平洋诡异地来了个九十度大转弯，绕过台湾一路北上，直扑厦门。近六个小时的肆虐，近二十亿的损失，人们才明白，「狼」真的有一天会来，而防护篱笆却是自己拆掉的。

一九九九年的台风给厦门留下了心理阴影，但它没有打倒厦门。此后，厦门政府和百姓在救灾重建的同时，加强了对台风的防护措施。过去的就让它过去，厦门并不欢迎台风，但若再来，整个厦门必将勇敢面对。

厦门郑成功像与台风趣事

厦门土著对"台风不登厦门"有个说法：厦门鼓浪屿上有尊郑成功雕像，有郑成功守护，他一手按剑，一手往上挥，把台风都赶到其他地方去了。厦门坊间没人反感"镇台风"之说，即使是一九九九年十四号台风袭击厦门，百姓还是说："郑成功巡查台湾。"更有市民拿出了详细的历史资料强调："九九年台风中心在厦门上空停留五六个小时，发现郑成功不在，才敢登陆。"

1971年22号台风　1973年4号台风　1997年5号台风
1972年4号台风　1977年1号台风

求 1999 年台风在厦门人心中造成的阴影面积

在厦门，只要提起1999年的14号台风，经历过的人无不“谈风色变”。从厦门人的眼神和脸色中可以看出，1999年的14号台风在厦门人的心中造成了不小的阴影，阴影面积难以计算。

厦门隔着台湾海峡与宝岛相望，相接海面为太平洋范畴。新中国成立以来，尤其是1972年到1998年，几乎每一年都会有来自太平洋的台风打着“狼来了”的旗号要进攻厦门，但最后或者自觉绕道，或者与厦门擦肩而过，即使正面登陆也威力骤减。长期而频繁的“有惊无险”难免会让整个厦门变得对台风“有恃无恐”，厦门人对台风的态度从1949年建国时的“台风会来”，到1969年的“台风可能会来”，再到1989的年“台风应该不会来”，直至1999年之前甚至有人说“台风不敢来”。当时厦门人更愿意把用于防范台风的物资花费转用于日常生活。结果，1999年，14号台风在太平洋诡异地来了个90度大转弯，绕过台湾一路北上，直扑厦门。近6个小时的梦魇，近20亿的损失，人们才明白，“狼”真的有一天会来，而防护篱笆却是自己拆掉的。

1999年的台风给厦门人留下了心理阴影，但它没有打倒厦门。此后，厦门政府和百姓在救灾重建的同时，加强了对台风的防护措施。过去的就让它过去，厦门并不欢迎台风，但若台风再来，整个厦门必将勇敢面对。

博饼源自郑成功开的大赌局

来到东渡路的「博饼民俗园」才知道，自从郑成功开了赌局，花钱买月饼吃已不新鲜，靠自己的手气打骰子夺「状元」赢月饼才是别有一番中秋之乐。当年郑成功收复台湾，在内陆以厦门为根据地作战，但是每逢佳节倍思亲，到了中秋，将士们的思乡之情就会动摇军心，减弱战斗力。郑成功为了冲淡军队里的这种思乡气氛，决定开「赌」，不过不是赌钱，而是赌月饼。到了中秋的时候，军需官不再把月饼直接发给将士，而是规定每个人只能靠手气，用六颗骰子博点赢月饼吃，这样不仅增添了浓浓的节日气氛，还使背井离乡的将士兴致高涨，一下子全没了想家的念头。这就是「博饼」的历史由来。

谁能想到，这种节日庆祝形式不但得到将士们的喜爱，也风靡了整个闽南，一直延续至今，后人更以「状元」「榜眼」「进士」等比喻博点的点数，出现了「当状元吃月饼」的民谚。如今的博饼文化已被列入第二批国家级非物质文化遗产名录，而博饼民俗园更是闻名遐迩，来博饼民俗园玩的时候多带些好运气吧。

博饼民俗园

博饼的游戏规则

状元	六抔红	4	4	4	4	4	4
	六抔黑	6	6	6	6	6	6
	五王	4	4	4	4	4	
	五子登科	3	3	3	3	3	
	状元插金花	4	4	4	4	1	1
	状元	4	4	4	4		
榜眼	对堂	1	2	3	4	5	6
探花	三红	4	4	4			
进士	四进	2	2	2	2		
举人	二举	4	4				
秀才	一秀	4					

学霸研究博饼

玩游戏最怕较真，尤其是与骰子相关的游戏，学霸总喜欢算算概率。博饼游戏中：六抔红的概率是1/46656（与六抔黑相同）、状元插金花简单些概率为1/3110、五王概率1/1555。五子登科为1/389、状元为1/130、对堂为1/65、三红为1/19、四进为1/39、二举为1/5、一秀为1/2～1/3。

博饼

博饼源自郑成功开的大赌局

来到东渡路的“博饼民俗园”才知道，自从郑成功开了赌局，花钱买月饼吃已不新鲜，靠自己的手气打骰子、当“状元”赢月饼才是别有一番中秋之乐。

当年郑成功为了收复台湾，在内陆以厦门为根据地进行作战，但是每逢佳节倍思亲，一到了中秋，将士们的思乡之情就会动摇军心，减弱战斗力。郑成功为了冲淡军队里的这种思乡气氛，决定“开赌”，不过不是赌钱，而是赌月饼。到了中秋的时候，军需官不再把月饼直接发给将士，而是规定每个人只能靠手气，用六颗骰子博点赢月饼吃。这样不仅增添了浓浓的节日气氛，还使背井离乡的将士兴致高涨，一下子全没了想家的念头。这就是“博饼”的历史由来。

谁能想到，这种节日庆祝形式不但得到将士们的喜爱，也风靡了整个闽南，一直延续至今，后人更以“状元”“榜眼”“进士”等比喻博点的点数，出现了“当状元吃月饼”的民谚。如今的博饼文化已被列入第二批国家级非物质文化遗产名录，而博饼民俗园更是闻名遐迩，来博饼民俗园玩的时候，多带些好运气吧。

第二章

厦门风俗

厦门「好声音」

在厦门这个地界，如果没有听过温柔婉转的南音、逗趣诙谐的答嘴鼓，看过搞怪贴地气的高甲戏和韵味十足的歌仔戏，就不会了解厦门的魅力所在。

高甲戏曲目：

《收水毋》、《太极楼》
《两国王》、《大金桥》
《扯玉带》、《绞绸倚庵》、《双报仇》、
《鸳鸯扇》、《秦琼倒铜旗》、《郭子仪拜寿》、《国毋走》、《宿草庵》、《樱桃会》

南音是中国现存最古老的乐种之一，被誉为「中国音乐史上的活化石」。「南音」一词最早出现在汉代，唐宋是南音发展的鼎盛时期，南音中很多曲目都是根据唐宋大曲、法曲、宋词、元散曲等改编。演奏乐器一般是洞箫和琵琶，演唱形式为「丝竹更相和，执节者歌」。

答嘴鼓是用闽南方言讲述的汉族说唱艺术，表演者是两个人，有点像相声。答嘴鼓又称「念四句」，讲究押韵，比如新娘入洞房时的一段「念四句」就很有趣：「双脚踏入来，交椅两边排。新娘是天使，女婿状元才」。答嘴鼓艺术大师林鹏翔老先生的代表作《乌龟假大爷》还被拍成动画片播出，之后，孩子们也被逗得开怀大笑。

高甲戏起源于明清之交，是闽南农村流行的一种装扮英雄的化装游行，后来逐渐演化为角色齐全、语言诙谐的戏剧。高甲戏分为「大气戏」（宫廷戏和武戏）、「绣房戏」和「丑旦戏」三大类，其中「丑旦戏」人气最高，演员夸张搞怪的打扮常常让观众捧腹大笑。高甲戏在闽南地区分布最广，班社林立，名角最多，不看一场是个遗憾。歌仔戏是中国三百六十多个戏曲剧种中唯一诞生于台湾的戏曲，它揉合了梨园戏、北管戏、高甲戏、京剧、闽剧等戏曲的特点，自成一派。歌仔戏是由台湾傅戴水保传到厦门，然后厦门的马歌仔戏剧团又将自创的「杂碎调」回传到台湾。歌仔戏是台海两岸共同的戏曲。

高甲戏

琵琶

歌仔戏

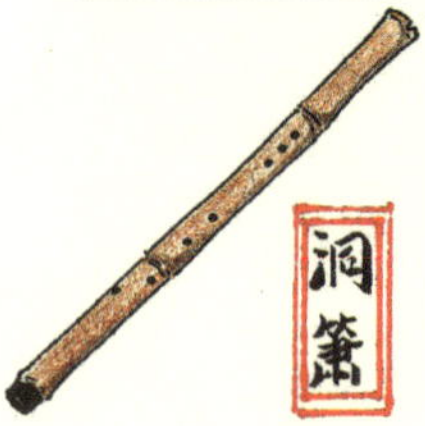
洞箫

厦门“好声音”

在厦门这个地界，如果没有听过温柔婉转的南音、逗趣诙谐的答嘴鼓，看过搞怪贴地气的高甲戏和韵味十足的歌仔戏，就不会了解厦门的魅力所在。

南音是中国现存最古老的乐种之一，被誉为“中国音乐史上的活化石”。“南音”一词最早出现在汉代，唐宋是南音发展的鼎盛时期，南音中很多曲目都是根据唐宋大曲、法曲、宋词、元散曲等改编，演奏乐器一般是洞箫和琵琶，演唱形式为“丝竹更相和，执节者歌”。

答嘴鼓是喜剧性的汉族说唱艺术，用的是闽南方言。表演者是两个人，有点像相声。答嘴鼓又称“念四句”，讲究押韵，比如新娘入洞房时的一段“念四句”就很有趣——“双脚踏入来，交椅两边排。新娘是天使，女婿状元才”。答嘴鼓艺术大师林鹏翔老先生的代表作《乌龟假大爷》还被拍成动画片，播出之后，孩子们被逗得开怀大笑。

高甲戏起源于明清之交，开始是闽南农村流行的一种装扮英雄的化装游行，后来逐渐演化为角色齐全、语言诙谐的戏剧。高甲戏分为“大气戏”(宫廷戏和武戏)、“绣房戏”和“丑旦戏”三大类，其中“丑旦戏”人气最高，演员夸张搞怪的打扮常常让观众捧腹大笑。高甲戏在闽南地区分布最广，班社林立，名角最多，不看一场是个遗憾。

歌仔戏是中国360多个戏曲剧种中唯一诞生于台湾地区的戏曲。由台湾师傅戴水保传到厦门，在闽浙沿海流传，后来厦门当地人组成的都马歌仔戏剧团又自创了“杂碎调”，并回传到台湾。因此，歌仔戏是台海两岸共同的戏曲。现代的歌仔戏糅合了梨园戏、北管戏、高甲戏、京剧、闽剧等戏曲的特点，自成一派。

不干这行，不知道这些事

厦门从成为「五口通商口岸」之一开始，无形中就戴上了一顶「商业城市」的帽子，各行各业各具特色的贸易活动中自然形成了各种各样的行业习俗。老师傅经常对后生学徒讲：「分内可谅，禁忌难饶。」意思是在行业里，分内之事没做好或许都可以原谅，但触犯了禁忌就不能饶恕了。行业中的禁忌，又有哪些是行外人不知道呢？

忌店铺桌柜上坐卧。过去做生意的店铺都会有个柜台，这个柜台象征着一家店的脸面，店铺将客人迎来送往，全靠这张脸面见客。坐在柜台之上，相当于把屁股给客人看，躺卧在柜台上相当于把睡姿给客人看，且不论看起来是否雅观，但绝对是「谢客」的做法。开门做生意，哪有把客人赶走的规矩，所以这条属于「通禁」。如今很多饭店进门有个吧台，吧台上会摆放招财的神明，正是这条禁忌的演化，试问谁敢与神明平起平坐？

忌第一位客人不成交。厦门人做生意讲究拿个「头彩」，一天之中也讲究「开门大吉」或者「开门见喜」。过去没有网购，很多店面清早一开门就会有客人进门，第一个客人必须成交」是不成文的规定，如果遇到客人讲价，哪怕是不赚钱甚至赔钱也要抓住这一「头彩」。

忌匠人血液溅到器物上。铁匠、木匠、鞋匠、陶匠……这些手艺人做活难免会用到利刃，手受伤是家常便饭，但血液一定不能溅到所做的器物上。自古血液视为生命的象征，人靠血而活，器物沾了血不吉利。所以，如果看到一个陶匠把刚做好的陶艺毁掉，很可能是陶匠自己发现了其中没有擦干的血渍。这一条也是匠人艺德的体现。

不干这行，不知道这些事

厦门，从成为“五口通商口岸”之一开始，无形中就戴上了一顶“商业城市”的帽子，各行各业在各具特色的贸易活动中自然形成了各种各样的行业习俗。老师傅经常对后生学徒讲：“分内可谅，禁忌难饶。”意思是在行业里，分内之事没做好或许都可以原谅，但触犯了禁忌就不能饶恕了。行业中的禁忌，又有哪些是行外人不知道的呢？

忌店铺桌柜上坐卧。过去做生意的店铺都会有个柜台，这个柜台象征着一家店的脸面，店铺将客人迎来送往，全靠这张脸面见客。坐在柜台之上，相当于把屁股给客人看，躺卧在柜台上，相当于把睡姿给客人看，且不论看起来是否雅观，但绝对是“谢客”的做法。开门做生意，哪有把客人赶走的规矩，所以这条属于“通禁”。如今很多饭店进门有一个吧台，吧台上会摆放招财的神明，正是这条禁忌的演化，试问谁敢与神明平起平坐？

忌第一位客人不成交。厦门人做生意讲究拿个“头彩”，一天之中也讲究“开门大吉”或者“开门见喜”。过去没有网购，很多店面清早一开门就会有客人进门，“第一个客人必须成交”是不成文的规定，如果遇到客人讲价，哪怕是不赚钱甚至赔钱，也要抓住这一头彩。

忌匠人血液溅到器物上。铁匠、木匠、鞋匠、陶匠……这些手艺人做活难免会用到利刃，手受伤是家常便饭，但血液一定不能溅到所做

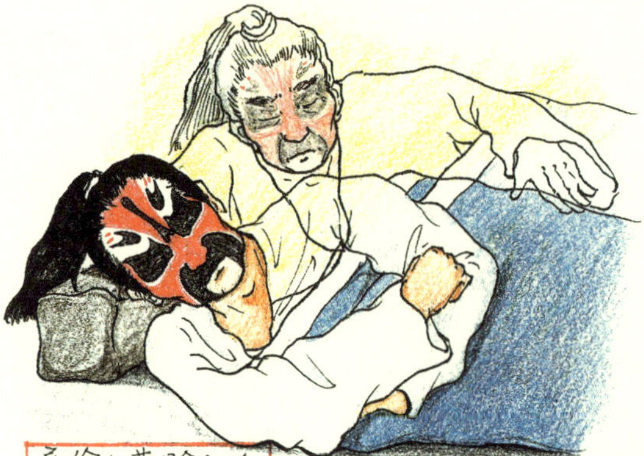

忌伶人花脸入睡

忌伶人花脸入睡。伶人也就是以前唱戏的艺人，这些人经常会画脸谱唱戏，比如唱「卧龙岗」画成诸葛亮，唱「水浒」画成李逵等，但即使唱得再晚、再累，也必须将脸谱洗得干干净净才能入睡。古人说一个人入睡后灵魂会出窍游荡，待将醒之时灵魂看到花脸不认识躯体，很容易不愿归窍；另一方面，若遇上伶人虚弱画的又是恶人，例如唱「忠孝传」里岳飞被害处，画的是秦桧的脸谱，未将脸谱洗净入睡，很可能会受到秦桧鬼魂的骚扰。由此伶人戏罢净面也成了硬性规定。

忌医馆药店说「再见」。一般店铺在与客人告别时无不亲切说道：「再见，好的话再来！」而这句话恰好是医馆药店的禁忌。医者父母心，当给病者看完病、抓完药之后，还让病者再来，是盼着病人不愈？还是揭露自己医术药理太差？当然「再见」在另一个行当更是禁忌中的禁忌，那就是「棺材铺」。

旧时厦门行当的禁忌数不胜数，随着时代发展，有些已经被废除，有些演化成一些行业习惯而有些依然保留了下来。外行人可能会将这些禁忌看作「条条框框」，其实这恰好与「只缘身在此山中」的情况相反，要体味这些禁忌的用心，必须投身这一行，必须「身在此山中」。

传说，北宋词人柳永是"花门宗主"。当年柳永科考时写了一篇哀婉的词，皇帝大笔一挥"且填词去"，勾掉了他的功名。

柳永奉旨填词
深受女人追捧

鲁班

孙思邈

陆羽

各行各业都拜谁？

行业	药店	木匠	郊商	渔民	戏班	南音社	茶社
祭拜对象	孙思邈	鲁班	水仙	妈祖	田都元帅 唐明皇	郎君	陆羽

的器物上。自古血被视为生命的象征，人靠血而活，器物沾了血不吉利。所以，如果看到一个陶匠把刚做好的陶艺毁掉，很可能是陶匠自己发现了其中有没擦干的血渍。这一条，也是匠人艺德的体现。

忌伶人花脸入睡。伶人也就是以前唱戏的艺人，这些人经常会画脸谱唱戏，比如唱“卧龙岗”画成诸葛亮，唱水浒画成李逵等。但即使唱得再晚再累，也必须将脸谱洗得干干净净才能入睡。古人说一个人入睡后灵魂会出窍游荡，待将醒之时，灵魂看到花脸不认识躯体，很容易不愿归窍。另一方面，若遇上伶人虚弱，画的又是恶人，例如唱“忠君传”里岳飞被害选段，画的是秦桧的脸谱，未将脸谱洗净入睡，很可能会受到秦桧鬼魂的骚扰。由此，伶人戏罢净面也成了硬性规定。

忌医馆药店说“再见”。一般店铺在与客人告别时无不亲切说道：“再见，好的话再来！”而这句话恰好是医馆药店的禁忌。医者父母心，当给病者看完病、抓完药之后还让病者再来，是盼着病人不愈，还是揭露自己医术药理太差？当然，“再见”在另一个行当更是禁忌中的禁忌，那就是“棺材铺”。

旧时厦门行当的禁忌数不胜数，随着时代发展，有些已经被废除，有些演化成一些行业习惯，而有些依然保留了下来。外行人可能会将这些禁忌看作“条条框框”，其实这恰好与“只缘身在此山中”的情况相反，要体味这些禁忌的用心，必须投身这一行，必须“身在此山中”。

厦门结婚要「先兵后礼」

在厦门，结婚绝对是件大事，男女两家在成为亲家之前首先是「敌我」。从提亲开始，就是一场没有硝烟的战争，不过战争的胜利者永远都是一对新人。

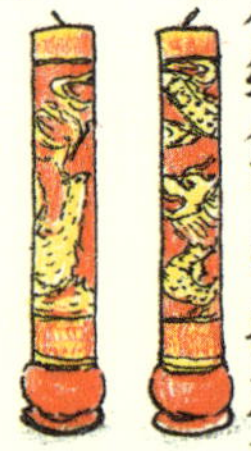

第一步，「提字仔」，也就是提亲。由男方长辈委托媒人或介绍人带着彩礼到女方家，彩礼要成双成对，包括香烛、定金、首饰、聘金、猪蹄和给女方父母的礼金（俗称「尿尿盆」）。这彩礼的多少非常重要，夸张地说直接决定着新娘日后在婆家的地位。双方看门风，谈聘金聘礼，虽然彬彬有礼，但内地里都想争个高低。

第二步，「吃定」「送定」，也就是订婚。男女双方家里都要办订婚桌，请来亲戚，分享喜饼。现在也有省去订婚步骤的人家，下聘之后便直接办婚礼。

第三步，婚礼。厦门的婚礼一般于黎明之前便开始了，新郎去女方家里接新娘时，亲友们要吃「甜蛋」二碗两个，然后还要吃冬粉鸡。新娘出门时，伴娘要撑开一把红伞为新娘遮挡天空。到夫家时，新郎要背着或抱着新娘进去，在进厅时说：「我们回家了！」表示过门。然后便是新人敬茶了。其他诸如拜父母、给红包、婚宴便不再赘述。

第四步，回娘家。婚后三天，便是回娘家的日子。一般新人会带回四色饼回家，而娘家的回礼更多，要把四色饼更换其中两色后再让女儿带回家，准备两根甘蔗带到家里置于大门门后，此外准备一只活公鸡或者是双数鸡蛋，有些人家还有米糕等祭床母。

厦门婚礼讲究「先兵后礼」，建国以前尤注重门第匹配，现在则是自由恋爱，但对结婚的规矩，老人们依然看得很重，年轻人要在厦门办婚礼可一定得好好学习。

喜字

在厦门结婚，要哪些聘礼？

礼饼，俗称"大饼着花"，还有四色饼，礼糖，俗称"大糖小巧"。面线，寓意白头偕老。

冰糖、冬瓜糖、桔饼、柿饼、糖花生等蜜料，茶料（饮茶的茶配），甜点俗语"吃甜甜，生后生"，桔饼寓吉意，生花寓早生贵子。翁酒，活鸡活鸭，女方留下酒，鸡鸭要退回。龙凤大红烛，礼炮、礼香。四时水果。香蕉、凤梨、柑桔等，香蕉寓招子，凤梨寓旺来，柑桔寓吉意。

饰物，手环、戒指、项链、珍珠片头，金银河、珠宝等。

厦门结婚要“先兵后礼”

结婚绝对是件大事，厦门也不例外，男女两家在成为亲家之前首先是“敌我”。从提亲开始，就是一场没有硝烟的战争，不过战争的胜利者永远都是一对新人。

第一步，“提字仔”，也就是提亲。由男方长辈委托媒人或介绍人带着彩礼到女方家，彩礼要成双成对，包括香烛、定金、首饰、聘金、猪蹄和给女方父母的礼金（俗称“屎尿盆”），这彩礼的多少非常重要，夸张地说直接决定着新娘日后在婆家的地位。双方看门风，谈聘金聘礼，虽然彬彬有礼，但内地里都想争个高低。

第二步，“吃定”“送走”，也就是订婚。男女双方家里都要办订婚桌，请来亲戚，分享喜饼。现在也有省去订婚步骤的人家，下聘之后便直接办婚礼。

第三步，婚礼。厦门的婚礼一般于黎明之前便开始了，新郎去女方家里接新娘时，亲友们要吃“甜蛋”，一碗两个，然后还要吃冬粉鸡。新娘出门时，伴娘要撑开一把红伞为新娘遮挡天空。到夫家时，新郎要背着或抱着新娘进去，在进厅时说：“我们回家了！”表示过门，然后便是新人敬茶了。其他诸如拜父母、给红包、婚宴便不再赘述。

第四步，回娘家。婚后三天，便是回娘家的日子。一般新人会带四色饼回家，而娘家的回礼更多：要把四色饼更换其中两色后，再让女儿带回家，还要准备两根甘蔗带到家里，置于大门门后，此外需准备一只活公鸡或者是双数鸡蛋，有些人家还有米糕等祭床母。

厦门婚礼讲究“先兵后礼”，建国以前尤注重门第匹配，现在则是自由恋爱。但对结婚的规矩，老人们依然看得很重，年轻人要在厦门办婚礼可一定得好好学学。

一首「老厦门正月歌」

每到年关中国人都会带着愉快的心情为之忙忙碌碌，在约定俗成的日子做约定俗成的年事，被称作「渗透到中国人骨子里的大年气氛」。正月时段厦门可能是全国从初一到十五最有条不紊的城市，因为当地有一首连三岁小孩都会背的「老厦门正月歌」，它将每一天该做什么都写得清清楚楚。

初一早，初二早，初三困甲饱，初四神落厅，初五隔开，初六壅肥，初七七元，初八团圆，初九天公生，初十有食，十一请子婿，十二回来拜，十三稀粥配芥菜，十四结灯棚，十五上元明。

正月歌里大部分都很好理解，只有初三、初七、初十、十三比较特别。厦门初三是自家祭祀亡灵的日子。据说明朝嘉靖年间倭寇初二攻进厦门屠杀，初三厦门人收拾尸骨，以此留下了初三祭祀亡灵的习俗。初三登门拜访，是诅咒对方早生极乐的意思，所以在家睡大觉是最好的选择。初七的「七元」是指吃七种蔬菜，这一古俗出处不可考，有「七星拱照」之意。初十这天人们会把初九祭天公的食物拿出来吃，吃天公的「剩饭」沾仙气、保平安。十三这一天喝粥吃芥菜的习俗有两种说法：一是说过年吃多了大鱼大肉，这一天吃清淡洗洗肠胃；二是为了「忆苦思甜」，不要忘记曾经的苦日子。年，厦门人喜欢将它看作是「最大的庙会」，所有人都是这个庙会的演员，又是这个庙会的观众。在这个约定俗成的日子里，每个厦门人按照这首「正月歌」去行动，循规蹈矩又热闹非凡。

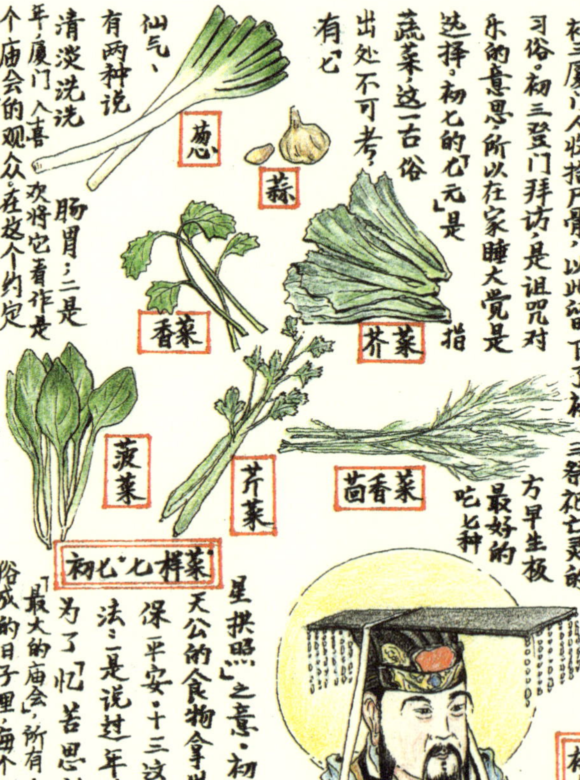

尾牙。腊月十六，是厦门家家户户本年最后一次祭拜土地公的日子，俗称尾牙。

尾牙，是伙计的"鬼门关"。这一天老板会辞退最不满意的伙计。尾牙祭之后，老板会以祭品宴请伙计，祭品中必然会有一盘鸡，老板将鸡头夹给谁，就说明老板要辞退谁。

一首“老厦门正月歌”

每到年关，中国人都会带着愉快的心情为之忙忙碌碌，在约定俗成的日子做约定俗成的年活儿，感受浓浓的“渗透到中国人骨子里”的大年气氛。正月这个月，厦门可能是全国从初一到十五最有条不紊的城市，在当地有一首连三岁小孩都会背的“老厦门正月歌”，它将每一天该做什么都说得清清楚楚。

“初一早，初二早，初三困甲饱，初四神落厅，初五隔开，初六壅肥，初七七元，初八团圆，初九天公生，初十有食，十一请子婿，十二回来拜，十三稀粥配芥菜，十四结灯棚，十五上元明。”

正月歌里大部分都很好理解，只有初三、初七、初十、十三比较特别。厦门初三是自家祭祀亡灵的日子。据说明朝嘉靖年间倭寇初二攻进厦门屠杀，初三厦门人收拾尸骨，以此留下了初三祭祀亡灵的习俗。初三登门拜访，是诅咒对方早升极乐的意思，所以在家睡大觉是最好的选择。初七的“七元”是指吃七种蔬菜，这一古俗出处不可考，有“七星拱照”之意。初十这天人们会把初九祭天公的食物拿出来吃，吃天公的“剩饭”沾仙气、保平安。十三这一天关于喝粥吃芥菜的习俗有两种说法：一是说过年吃多了大鱼大肉，这一天吃清淡洗洗肠胃；二是说为了“忆苦思甜”，不要忘记曾经的苦日子。

年，厦门人喜欢将它看作“最大的庙会”，所有人都是这个庙会的演员，又是这个庙会的观众。在这个约定俗成的日子里，每个厦门人按照这首正月歌去行动，循规蹈矩又热闹非凡。

厦门人都拜什么神

厦门有许多与北方不同的风俗和信仰，比如中秋博饼、拜大道公而拜天公、土地公、雷公、床母和灶君公，这些其他地方也祭祀的神明时又有哪些不同之处呢？

天公生

《厦门志》里有记载：“农历正月初九为‘天公生’，家家设香案，向户外祀之，如无庭院者，则将八仙桌摆于窗口之旁。”这里的“天公”便是玉皇大帝，而正月初九这一天便被视作玉皇大帝的生日。民间俗谚说“天上天公，地下母舅公”，说的便是天公神格的高贵。敬天公是厦门一个极其隆重的习俗，一般初八便开始准备，从前厦门人会做“米龟”和“牵”作为贡品。“米龟”是把米磨成浆水，和面搓成米团子，包甜馅或咸馅，然后用木板刻的“龟板”压制成型，“牵”的做法也与此类似。到了初九这一天全家老少打开大门，穿戴整齐，依长幼顺序上香、行礼，然后烧金纸，再将天公座一起烧化，祭祀也就完成了。

天公生

土地公

在影视剧中，土地公的形象都是个头矮小的老头，但其实土地公是管理一方土地之神，正名为“福德正神”，也称“后土皇地祇”。有句台词叫“皇天在上，后土在下”，可见在人们的观念里“天最大，地老二”，土地公怎么看也不应该是个小神明，所以祭祀土地公也不是件小事情。

土地公的诞辰是八月十五，土地婆是二月初二。《厦门志》中记载：“初二日，家造蚝房饭为供”。意思是土地婆“不敢吃蚝仔”，她的生日便只供蚝仔粥，不让她吃饱，到了土地公诞辰则要准备三牲祭品，大礼祭祀。

土地公

土地婆爱说实话，土地公同情人们因亲人去世而号啕痛哭，想将死者复活，被土地婆拦住，人们因此不喜欢土地婆。

蚝仔粥

1.敬天公祈福词：天公祖相保庇，合家内外大小出入平安，好人好事到身边，歹人歹事拔一边。
大门开透透，钱银遛遛到，诚心有保佑，四面贵人相应，添贵添福添财气。春光无限好，日日进金进银进财宝，四时无灾，八节有庆，添丁进财好事连连来，囝仔好写字，走有路，早出头早成气，年头顺年尾顺，一年四季走好运！
2.现在“米龟”则是指泉漳地区人们元宵节用米浆堆成的龟，用于祈福，叫作“乞龟”。

厦门人都拜什么神

厦门有许多与北方不同的风俗和信仰，比如做中秋博饼、信仰大道公，而拜天公、土地公、雷公、床母和灶君公这些其他地方也祭祀的神明时又有哪些不同之处呢？

天公生

《厦门志》里有记载：“农历正月初九为‘天公生’，家家设香案，向户外祀之，如无庭院者，则将八仙桌摆于窗口之旁。”这里的“天公”便是玉皇大帝，而正月初九这一天便被视作玉皇大帝的生日。民间俗谚说“天上天公，地下母舅公”，说的便是天公神格的高贵。敬天公是厦门一个极其隆重的习俗，一般初七便开始准备。从前厦门人会做“米龟”和“牵”作为贡品。“米龟”是把米磨成浆，和面搓成米团子，包甜馅或咸馅，然后用木板刻的“龟板”压制成型。“牵”的做法也与此类似。到了初九这一天，全家老少打开大门，穿戴整齐，依长幼顺序上香，行礼，然后烧金纸，再将天公座一起烧化。祭祀也就完成了。

土地公

在影视剧中，土地公的形象都是个头矮小的老头，但其实土地公是管理一方土地之神，正名为“福德正神”，也称“后土皇地只”。有句台词叫“皇天在上，后土在下”，可见在人们的观念里“天最大，地老二”。但土地公怎么看也不应该是个小神明，所以祭祀土地公也不是件小事情。土地公的诞辰是八月十五，土地婆是二月初二。《厦门志》中记载：“初二日，家造蛎房饭为供。”意思是土地婆不敢吃蚝仔，她的生日便只供蚝仔粥，不让她吃饱。而到了土地公诞辰则要准备三牲祭品，大礼祭祀。

雷公诞

农历六月二十四为“雷公诞”，传说，雷公在天上是个不大不小的神明，

雷公诞

雷公诞

农历六月二十四为「雷公诞」。传说，雷公在天上是个不大不小的神明，因此厦门人祭祀的也不多。在《中国民俗大观》中记载了一种当地人祭祀雷公时供奉的「米粿」，便叫「雷公粿」。雷公的形象是人身鸡母嘴，手持一副雷公凿专劈坏人。最初的传说中只有雷公，没有电母，电母的来历与雷公的一次错误有关。据说，雷公某次错劈死了一位割肉喂婆婆的善良寡妇，为弥补错误，请求玉帝将她封为电母。从此，打雷之前先亮闪电，以免再劈死好人。

床母

床母就是床神，生日不明，有的地方在七夕拜床母，更多的则是随需要祭祀。比如男女结婚前男方要选吉日「安床」，以豆腐、酒肉祭祀床母，祈求床母保佑新婚夫妻安逸。家里有新生儿更要敬床母，以保佑孩子健康，尤其孩子独自一人的时候不会磕着碰着。拜床神是宋代便流行的风俗，据说宫廷之中也很流行。床神有床公和床母，厦门只敬床母。

床母

灶君公

农历十二月二十三是俗称的小年夜，也是灶王爷上天向玉帝汇报工作的日子。这个日子几乎全国人民都在过，那么厦门人过出了什么花样呢？厦门祭灶要供酒肉饭菜，焚烧纸车纸马送灶王爷上天，还要准备糖用来粘住灶君的嘴，让他说不出人间的坏话。北方祭灶多用南糖、关东糖、糖瓜等，福建多用灶糖、灶饼、甘蔗等。更多的人习惯用麦芽糖，因为它黏度最大，有些地方还把酒糟涂抹在灶门上，称为「醉司令」。到了正月初四接灶君回人间时还要再烧一次纸车纸马为灶君「接风」。南宋诗人范成大有一首《祭灶词》讲的就是祭祀灶君时的景象。

3、南宋诗人范成大《祭灶词》

古传腊月二十四，灶君朝天欲言事。
云车风马小留连，家有杯盘丰典祀。
猪头烂热双鱼鲜，豆沙甘松粉饵团。
男儿酌献女儿避，酹酒烧钱灶君喜。
婢子斗争君莫闻，猫犬触秽君莫嗔。
送君醉饱登天门，杓长杓短勿复云，
乞取利市归来分。

灶君公

因此厦门人祭祀的也不多。在《中国民俗大观》中记载了一种当地人祭祀雷公时供奉的“米粿”，便叫“雷公粿”。雷公的形象是人身、鸡母嘴，手持一副雷公凿，专劈坏人。最初的传说中，只有雷公，没有电母，电母的来历与雷公的一次错误有关。据说，雷公某次错劈死了一位割肉喂婆婆的善良寡妇，为弥补错误，请求玉帝将她封为电母。从此，打雷之前先亮闪电，以免再劈死好人。

床母

床母就是床神，生日不明，有的地方在七夕拜床母，更多的则是随需要祭祀。比如男女结婚前，男方要选吉日“安床”，以豆腐、酒肉祭祀床母，祈求床母保佑新婚夫妻安适。家里有新生儿更要敬床母，以保佑孩子健康，尤其孩子独自一人的时候不会磕着碰着。拜床神是宋代便开始流行的风俗，据说宫廷之中也很盛行。床神有床公和床母，厦门只敬床母。

灶君公

农历腊月二十三是俗称的小年夜，也是灶王爷上天向玉帝汇报工作的日子。这个日子几乎全国人民都在过，那么厦门人过出了什么花样呢？厦门祭灶要供酒肉饭菜，焚烧纸车、纸马送灶王爷上天，还要准备糖用来粘住灶君的嘴，让他说不出人间的坏话。北方祭灶多用南糖、关东糖、糖饼等，福建多用灶糖、灶饼、甘蔗等，更多的人习惯用麦芽糖，因为它黏度最大，有些地方还把酒糟涂抹在灶门上，称为“醉司命”。到了正月初四接灶君回人间时还要再烧一次纸车、纸马，为灶君“接风”。南宋诗人范成大有一首《祭灶词》讲的就是祭祀灶君时的景象。

既没老婆也没猴子

如何形容一个人「一无所有」？是倾家荡产、身无分文，还是一贫如洗、家徒四壁？在厦门有一句特别的俗语：既没老婆也没猴子！穷到没老婆很好理解，但这事和猴子有什么关系，就要从厦门的一个老故事说起了。

清代雍正年间，厦门天界寺有一个书生，他其貌不扬而且学问也一般，却偏偏写得一手好字。书生自知金榜无望，只能在寺中抄写经文维持生计。因为朋友甚少，书生养了一只猴子做伴，一人一猴相处良久也就产生了默契，书生说什么猴子都能听懂照做。一个夏日，一位老员外进寺烧香，因天气炎热昏厥在大殿里。恰好书生在打扫香案，就将员外抬入自己屋中照料。员外转醒后，暗自观察这个书生，发现他虽然长相平凡但心地善良。更让员外惊讶的是书生养了只聪灵的猴子。员外本就属猴，又信佛，他认为自己与这个书生有缘，又想到自己待字闺中的女儿，就有招婿之意。员外向书生讲明心意后，书生大喜，立即答应，二人相约三月后书生到员外家与女儿相亲。天上掉了这么大一个馅饼，基本把书生砸晕了，但书生穷苦，第一次去未来老丈人家总得拿点什么，于是方丈就给了书生一壶老酒。书生还是感觉礼品微薄，转念一想，老员外肯定没吃过猴子肉，利令智昏就将灵猴杀了。结果可想而知，当书生提着酒肉去了员外家时，被赶出了大门，事后方丈感慨地说：「你是聪明反被聪明误，既没了老婆也没了猴子」！

一个人的好运往往来自善心善行，善不在了，很可能到头来竹篮打水一场空。

厦门俗语

脚踩马屎傍官气：古时候当官骑马，马蹄的的得意，市井小民走路，无意之间踩了马粪，反以为荣，仿佛傍着官款，飘飘有高人一等之气，这心态很像鲁迅笔下的阿Q。

竹哥（竿）尾绑烘炉扇，大曳：烘炉扇，是老厦门人家家都有的，用于煤球炉生火时往炉口扇风的竹篾扇，"甲"字型，扇面略小于日常纳凉的蒲扇。将其绑在长长的竹竿尖上，朝天大扇着（即"大曳"），是一种自鸣得意、瞧不起人的劲儿。

书生与猴子

既没老婆也没猴子

如何形容一个人“一无所有”？是倾家荡产、身无分文，还是一贫如洗、家徒四壁？在厦门有一句特别的俗语：既没老婆也没猴子！穷到没老婆很好理解，但这事和猴子有什么关系，就要从厦门的一个老故事说起了。

清代雍正年间，厦门天界寺有一个书生，他其貌不扬而且学问也一般，却偏偏写得一手好字。书生自知金榜无望，只能在寺中抄写经文维持生计。因为朋友甚少，书生养了一只猴子做伴，一人一猴相处良久也就产生了默契，书生说什么猴子都能听懂照做。一个夏日，一位老员外进寺烧香，因天气炎热昏厥在大殿里。恰好书生在打扫香案，就将员外抬入自己屋中照料。员外转醒后，暗自观察这个书生，发现他虽然长相平凡，但心地善良。更让员外惊讶的是，书生养了只聪灵的猴子。员外本就属猴，又信佛，他认为自己与这个书生有缘，又想到自己待字闺中的女儿，就有招婿之意。员外向书生讲明心意后，书生大喜，立即答应，相约三日后到员外家与其女儿相亲。天上掉了这么大一个馅饼，基本把书生砸晕了，但书生穷苦，第一次去未来老丈人家总得拿点什么，于是方丈就给了书生一壶老酒。书生还是感觉礼品微薄，转念一想，老员外肯定没吃过猴子肉，利令智昏就将灵猴杀了。结果可想而知，当书生提着酒肉去员外家时，被赶出了大门，事后方丈感慨地说：“你是聪明反被聪明误，既没了老婆也没了猴子！”

一个人的好运往往来自善心善行，善不在了，很可能到头来竹篮打水一场空。

下雨天，请穿上『三明治袋子』

厦门传统妇女服装

一顶草编斗笠，缀着或粉或白用来固定斗笠的帽带，一身中开长衫……

这就是厦门土著标配了。这身行头夏天遮阳，雨天挡雨，据说厦门各大机场和地铁站雨天免费领取一次性雨衣，就是由此演化而成。不过，老外给这样的雨衣起了一个新的昵称，叫作「三明治袋子」。

「三明治袋子」的故事据说发生在厦门机场。当时一位导游刚刚接到下飞机的十多个美国游客，不巧的是当天厦门正下着瓢泼大雨。由于安排的旅馆就在机场附近，大约步行十分钟就能到达，所以旅行社并未安排大巴。面对大雨，导游首先表示歉意，然后拿来机场免费的一次性雨衣分发给美国游客。有几个游客穿上了雨衣。由于这种塑料雨衣非常薄，颜色又各种各样，大小也是均码，所以他们穿上后略显滑稽。这时候一个游客突然大笑说：「Sandwich bag！」意思是这个雨衣很像国外装三明治的袋子。穿着雨衣的游客本身衣服就颜色各异，被雨衣裹起来时，还真像是三明治进了袋子。一句玩笑话，让五个游客拒绝穿着雨衣，他们表示自己可以冒雨行走十分钟到旅馆，结果到旅馆后五人早已变成了落汤鸡。另一位游客将雨衣脱下后，换着自己滴水未沾的衣物，用英语笑着说：「入乡随俗，下雨天，还是请穿上三明治袋子吧！」

据说此后「三明治袋子」成了老外口中的褒义词，它虽然其貌不扬，却让物品保持新鲜且不受损坏。雨天的厦门，马路上五颜六色的雨衣也成为一景。

斗笠

如果要在厦门找到一个土著代表性元素，莫过于"斗笠"，遮阳遮雨，避风保暖。

游客穿塑料斗雨衣

下雨天，请穿上“三明治袋子”

一顶草编斗笠，缀着或粉或白用来固定斗笠的帽带，一身中开长衫……这就是厦门土著标配了。这身行头夏天遮阳，雨天挡雨，据说厦门各大机场和地铁站雨天免费领取的一次性雨衣，就是由此演化而成。不过，老外给这样的雨衣起了一个新的昵称，叫作“三明治袋子”。

“三明治袋子”的故事据说发生在厦门机场。当时一位导游刚刚接到下飞机的十多个美国游客，不巧的是当天厦门正下着瓢泼大雨。由于安排的旅馆就在机场附近，大约步行十分钟就能到达，所以旅行社并未安排大巴。面对大雨，导游首先表示了歉意，然后拿来机场免费的一次性雨衣分发给美国游客。有几个游客穿上了雨衣。由于这种塑料雨衣非常薄，颜色又各种各样，大小也是均码，所以他们穿上后略显滑稽。这时候一个游客突然大笑说：“Sandwich bags！”意思是这个雨衣很像国外装三明治的袋子。穿着雨衣的游客本身衣服就颜色各异，被雨衣裹起来时，还真像是三明治进了袋子。一句玩笑话，让其他五个游客拒绝穿雨衣，他们表示自己可以冒雨行走十分钟到旅馆。风雨中，导游带着七八个行走的“三明治”和五个昂首挺胸的老外走到了旅馆，后五人早已变成了落汤鸡。另一位游客将雨衣脱下后，摸着自己滴水未沾的衣物，用英语笑说：“入乡随俗，下雨天，还是请穿上‘三明治袋子’吧！”

据说此后“三明治袋子”成了老外口中的褒义词，它虽然其貌不扬，却能够让物品保持新鲜且不受损坏。雨天的厦门，马路上五颜六色的雨衣也成为一景。

主人未曾住过的八卦楼

就像到北京必须去天安门，到南京就得去中山陵，到青岛的人必须去栈桥，到西安不看兵马俑就是遗憾一样，到厦门就必须去八卦楼。

八卦楼的主人名叫林鹤寿，原是台湾名门「板桥林家」的公子。甲午战争后，中日签订《马关条约》将台湾割让给日本，林氏家族因不肯受日本统治而搬离台湾，林鹤寿就是这个时候来到鼓浪屿，开钱庄做生意。不久鼓浪屿成为「万国公地」，岛上洋人别墅一栋栋建起，林鹤寿心中不悦，决心在鼓浪屿建一座既能将鼓浪屿风景尽收眼底，又能傲视对岸厦门岛上所有建筑的别墅，以盖过洋人别墅的风头。

鼓浪屿男女救世医院的院长郁约翰听到林鹤寿的这一打算，立即自告奋勇，免费为其设计。原来林鹤寿曾向这所医院捐过钱，郁约翰心中感激，正愁无处报答。现在林鹤寿要建别墅，自己又精通建筑设计，于是就找到了林鹤寿。从最后的结果来看，郁约翰确实是个设计天才。他将顶棚设计成伊斯兰式圆顶，外围用古希腊式大石柱，同时采用闽南红砖垒砌，巧妙地将古希腊、古罗马、伊斯兰和中国古典建筑等多种元素融合在一起，让八卦楼成为厦门近代建筑的代表。

有点遗憾的是，八卦楼的主人林鹤寿却没有住进八卦楼。郁约翰对材料要求高，他所需要的材料在国内市场上是买不到的，必须特约加工或者进口，这使得材料成本大增。建豪宅本就所费不赀，材料成本又大幅增加，所以，八卦楼动工后，林鹤寿有点吃不消，为尽快将八卦楼建成，他变卖家产、钱庄，最后竟然宣告破产。破产的林鹤寿离开了鼓浪屿，从此再没有回来。

1. 八卦楼因其圆顶有八道棱线，顶窗呈四面八方二十四向，平台亦是八边形而得名。
2. 八卦楼曾做过日军办公处、厦门电容厂员工宿舍、厦门市博物馆等，如今已被改造成风琴博物馆，内藏有各类风琴六十多架（台）。其中圆形大厅那架高5米，宽3米多，有1350根音管的英国诺曼·比尔德管风琴十分罕见。

主人未曾住过的八卦楼

就像到北京不能不去天安门，到南京不能不去中山陵，到青岛不能不去栈桥，到西安不能不看兵马俑一样，到厦门不去八卦楼肯定会有遗憾。

八卦楼的主人名叫林鹤寿，原是台湾名门“板桥林家”的公子。甲午战争后，中日签订《马关条约》，将台湾岛割让给日本，林氏家族因不肯受日本统治而搬离台湾，林鹤寿就是这个时候来到鼓浪屿开钱庄做生意的。不久鼓浪屿成为“万国公地”，岛上洋人别墅一栋栋建起，林鹤寿心中不悦，决心在鼓浪屿建一座既能将鼓浪屿风景尽收眼底，又能傲视对岸厦门岛上所有建筑的别墅，以盖过洋人别墅的风头。

鼓浪屿男女救世医院的院长郁约翰听到林鹤寿的这一打算，立即自告奋勇，免费为其设计。原来林鹤寿曾向这所医院捐过钱，郁约翰心中感激，正愁无法报答。现在林鹤寿要建别墅，自己又精通建筑设计，于是就找到了林鹤寿。从最后的建筑成果来看，郁约翰确实是个设计天才。他将顶棚设计成伊斯兰式圆顶，外围用古希腊式大石柱，同时采用闽南红砖垒砌，巧妙地将古希腊、古罗马、伊斯兰和中国古典建筑的多种元素融合在一起，让八卦楼成为厦门近代建筑的代表。

有点遗憾的是，八卦楼的主人林鹤寿却没有住进八卦楼。郁约翰对材料要求高，他所需要的材料在国内市场上是买不到的，必须特约加工或者进口，这使得建材成本大增。建豪宅本就所费不赀，材料成本又大大超过预算，所以八卦楼动工后，林鹤寿有点吃不消。为尽快将八卦楼建成，他变卖家产、钱庄，最后竟然宣告破产。破产后的林鹤寿离开了鼓浪屿，从此再没有回来。

第三章 厦门景致

菽庄花园：我的地盘我做主

「我的地盘我做主」这句话用来形容菽庄花园再合适不过。菽庄花园曾是台湾名绅林尔嘉的私园，也是一座像林尔嘉一样任性的园子。林尔嘉小时候住在台湾，最喜欢他家建在淡水的板桥别墅。中日《马关条约》签订后，林尔嘉的父亲愤而举家内迁，回到老家福建，定居鼓浪屿。林尔嘉掌家后也想建一座自己的「板桥」，就是后来的菽庄花园。

一九一三年，林尔嘉聘请很多名师巧匠，在金带水之滨、草仔山下的一面坡上建造花园。到为花园起名字的时候，林尔嘉「我的地盘我做主」的念头就蹦出来了。他的字是「叔臧」，因此给园子起名「菽庄」，又花了一万银元「润笔」费，请当时「大总统」徐世昌为他题写「菽庄」牌匾挂在园门处。

园内分为藏海园和补山园，融合了世界园林艺术十大特点中极具艺术个性的三个特点：「藏海」「巧借」和「动静结合」。先是进门处的「藏海」，一堵墙挡在门口，只有绕过去才能见到海阔天空；「巧借」则是充分利用周围的自然美景，化狭窄的小海湾为涵纳大海、视野开阔的海上花园；而灵动的假山，静雅的亭阁，汹涌的海潮，安卧的长桥，处处体现着「动静结合」。

藏海园五景：眉寿堂、壬秋阁、真率亭、四十四桥、招凉亭；补山园五景：顽石山房、十二洞天、亦爱吾庐、听潮楼、小兰亭；以后又陆续建小板桥、渡月亭、千波亭、熙春亭、学亭、扇亭等。

园内名景「四十四桥」与「二十四桥明月夜」似有关联，其实完全没有关系，只是因为林尔嘉建桥时四十四岁，故把桥命名为「四十四桥」。

「亦爱吾庐」则是林尔嘉给自己居住的院子取的名字。院中以竹篱笆为围栏，栏下种满菊花，颇有「现世陶渊明」的怡然自得。林尔嘉虽家资千万，却「竹篱茅舍自甘心」，着实是个个性的老者。

菽庄花园

菽庄花园：我的地盘我做主

“我的地盘我做主”这句话用来形容菽庄花园再合适不过。菽庄花园曾是台湾名绅林尔嘉的私园，也是一座像林尔嘉一样任性的园子。林尔嘉小时候住在台湾，最喜欢他家建在淡水的板桥别墅。中日《马关条约》签订后，林尔嘉的父亲愤而举家内迁，回到老家福建，定居鼓浪屿。林尔嘉掌家后也想建一座自己的“板桥”，就是后来的菽庄花园。

1913年，林尔嘉聘请很多名师巧匠，在金带水之湄、草仔山下的一面坡上建造花园。到为花园起名字的时候，林尔嘉“我的地盘我做主”的念头就蹦出来了。他的字是“叔臧”，因此给园子起名“菽庄”，又花了一万银元“润笔”费，请当时的“大总统”徐世昌为他题写“菽庄”牌匾挂在园门处。

园内分为藏海园和补山园，融合了世界园林艺术十大特点中极具艺术个性的三个特点：“藏海”“巧借”和“动静结合”。先是进门处的“藏海”，一堵墙挡在门口，只有绕过去才能见到海阔天空。“巧借”则是充分借用周围的自然美景，化狭窄的小海湾为涵纳大海、视野开阔的海上花园；而灵动的假山，静雅的亭阁，汹涌的海潮，安卧的长桥，处处体现着“动静结合”。

园内名景“四十四桥”与“二十四桥明月夜”似有关联，其实完全没有关系，只是因为林尔嘉建桥时四十四岁，故把桥命名为“四十四桥”。

“亦爱吾庐”则是林尔嘉给自己居住的院子取的名字。院中以竹篱笆为围栏，栏下种满菊花，颇有“现世陶渊明”的怡然自得。林尔嘉虽家资千万，却“竹篱茅舍自甘心”，着实是个任性的老者。

日光岩与日光山

天風海濤

鼓浪洞天

鹭江第一

林鍼

国姓爷郑成功是个混血儿，知道的人应该不多。郑成功的父亲郑芝龙曾东渡日本，与田川氏结婚，他们的儿子就是郑成功。郑成功在日本长到七岁，曾数次登上日光山，当时颇为赞叹，回国后，他为厦门鼓浪屿旁的一块岩石取名「日光岩」，一部分是为纪念他在日本的生活，另外也是为日光岩的美景所折服。在鼓浪屿码头下船，步行十分钟左右便能看到一块四十多米高的巨石凌空耸立，那就是日光岩。传说当年这块石头叫「晃岩」，郑成功将「晃」字拆开，改名「日光岩」。便将这里与隔海相对的日本联系了起来。「日光」对于中国人来说是「太阳之光」的意思，但在日本，「日光」特指栃木县西北部的日光市。日光市的东照宫、二荒山神社以及日光山轮王寺都属于世界文化遗产，想来郑成功幼年的时候应该常去日光游览，因此记忆颇深。日本有这样一句名言，「旅游的话，如果不去日光就感觉差了很多」。同样的话在日光岩也适用，「不登日光岩，不算到厦门」。如果来厦门观日出的话，最好的地点莫过于日光岩了。登高远眺，看太阳慢慢地爬上山头，给满山翠绿披上红纱，鸟鸣林间中，一日之晨拉开序幕。如今的日光岩是厦门的标志性景点之一，景区由日光岩和琴园两个部分组成，中间有缆车相通。日光岩上历代文人的石刻咏叹题满岩壁，许世英题刻的「天风海涛」、黄仲训题刻的「九夏生寒」等都气势恢宏。

日光岩题刻一览：丁一中——“鼓浪洞天”、张大河——“鹭江龙窟”、黄仲训——“九夏生寒”、施士洁——“古避暑洞”、朱熙——“与日争光”、朱以德——“重怀旧望”等。

中国的日光山：吉林省延边州图们市有一座海拔加米的日光山，临近图们江，山上有名扬海内外的僧人“木月师”居住过的庵堂遗址，与朝鲜咸镜北道稳城郡隔江相望。

日光岩与日光山

国姓爷郑成功是个混血儿，知道的人应该不多。郑成功的父亲郑芝龙曾东渡日本，与田川氏结婚，他们的儿子就是郑成功。郑成功在日本长到七岁，曾数次登上日光山，当时颇为赞叹。回国后，他为厦门鼓浪屿旁的一块岩石取名“日光岩”，一部分是为纪念他在日本的生活，另外也是为日光岩的美景所折服。

在鼓浪屿码头下船，步行十分钟左右便能看到一块40多米高的巨石凌空耸立，那就是日光岩。传说当年这块石头叫“晃岩”，郑成功将“晃”字拆开，改名“日光岩”，便将这里与隔海相对的日本联系了起来。“日光”对于中国人来说是“太阳之光”的意思，但在日本，“日光”特指栃木县西北部的日光市。日光市的东照宫、二荒山神社以及日光山轮王寺都属于世界文化遗产，想来郑成功幼年的时候应该常去日光游览，因此记忆颇深。日本有这样一句名言——“旅游的话，如果不去日光就感觉差了很多”。同样的话在日光岩也适用——“不登日光岩，不算到厦门”。如果来厦门观日出的话，最好的地点莫过于日光岩了。登高远眺，看太阳慢慢地爬上山头，给满山翠绿披上红纱，鸟鸣林响中，一日之晨拉开序幕。

如今的日光岩是厦门的标志性景点，景区由日光岩和琴园两个部分组成，中间有缆车相通。日光岩上历代文人的石刻咏叹题满岩壁，许世英题刻的“天风海涛”、黄仲训题刻的“九夏生寒”等都气势恢宏。

漫步鼓浪屿观楼听故事

说起厦门，多数人首先想起的就是鼓浪屿，而真正亲临鼓浪屿游玩的人们才知道，这里除了唯美的自然环境之外，人文建筑景观更是让人流连。

如果说这里的海天一色是自然给予的礼物，那么楼阁建筑就是前贤给后人留下的遗产。

至亲至孝的番婆楼。

番婆楼是菲律宾华侨许经权为母亲所建。当时许经权在菲律宾从商发迹之后，想将母亲接到菲律宾安享晚年，以尽孝道。可是母亲过惯了闽南的生活，不但不适应菲律宾的生活习俗，甚至有水土不服。之后许经权先是选择了鼓浪屿上的钻石楼让母亲居住，后来发现钻石楼东侧有一处空地，地理位置更好，于是在此专为母亲修建了一所中西风格融合的别墅——番婆楼。由于母亲爱看戏，楼内设有戏台、乐池，如今再进番婆楼，人们还能想象出当年许母坐在宽廊里听戏的场景，感受到许经权的一片孝心。

反对辱华的海天堂构。

海天堂构共五幢别墅，是鼓浪屿众多建筑中唯一按照中轴线对称布局的别墅建筑群。海天堂构的中楼原为外国人的俱乐部，后来被黄秀烺买下改为别墅。据说黄秀烺在国

鼓浪屿：原名圆沙洲、圆洲仔。因海西南有海蚀洞，岛上受到浪潮冲击，声如擂鼓，明朝改名为"鼓浪屿"，沿用至今。

漫步鼓浪屿，观楼听故事

说起厦门，多数人首先想起的就是鼓浪屿，而真正亲临鼓浪屿游玩的人们才知道，这里除了唯美的自然环境之外，人文建筑景观更是让人流连。如果说这里的海天一色是自然给予的礼物，那么楼阁建筑就是前贤给后人留下的遗产。

至亲至孝的番婆楼

番婆楼是菲律宾华侨许经权为母亲所建，当时许经权在菲律宾从商发迹之后，想将母亲接到菲律宾安享晚年，以尽孝道。可是母亲过惯了闽南的生活，不但不适应菲律宾的生活习俗，甚至有些水土不服。之后，许经权先是选择了鼓浪屿上的钻石楼让母亲居住，后来发现钻石楼东侧有一处空地，地理位置更好，于是在此专为母亲修建了一所中西风格融合的别墅——番婆楼。由于母亲爱看戏，楼内设有戏台、乐池，如今再进番婆楼，人们还能想象出当年许母坐在宽廊里听戏的场景，感受到许经权的一片孝心。

反对辱华的海天堂构

海天堂构共五幢别墅，是鼓浪屿众多建筑中唯一按照中轴线对称布局的别墅建筑群。海天堂构的中楼原为外国人的俱乐部，后来被黄秀烺买下改为别墅。据说黄秀烺在国外时饱受欺辱，回国后又看到外国列强在中国欺负百姓，于是将中国式屋顶改在西洋建筑上，以此来纾解他饱受压抑的心情，同时表明“反对辱华”的立场。正因如此，中楼别有一番个性，建筑大师评价曰“是宫非宫胜似宫，亦殿非殿赛过殿；不中不

外时饱受欺辱，回国后又看到外国列强在中国欺负百姓，于是将中国式屋顶放在西洋建筑上，以此来纾解他饱受压抑的心情，同时表明「反对辱华」立场。正因如此，中楼别有一番个性，建筑大师评价曰「是宫非宫胜似宫，亦殿非殿赛过殿，不中不洋不寺常中西结合更耐看」。

打赌输掉的黄荣远堂。希腊的廊柱、北欧的窗棂、中国的亭台……黄荣远堂绝对是鼓浪屿上中西合璧建筑的典范，但它居然是黄仲训打赌赢来的。一九一八年，黄仲训携一百二十万银元到鼓浪屿设立「黄荣远堂房地产公司」。一天，他与华侨施光从自厦门乘轮出洋，两人在船上闲得无聊，提议玩牌比大小，点来打发时间。施光从以鼓浪屿福建路三十二号别墅为筹码，而黄仲训的筹码则是运输船队。据说最后施光从以一点之差输了，从菲律宾回来后信守诺言将别墅送给了黄仲训，这座别墅就是黄荣远堂。

见证爱情的林语堂故居。当年林语堂爱上的是陈锦端，不幸遭到了陈锦端父亲陈天恩的反对，为了让林语堂「移情别恋」，陈锦端将自己鼓浪屿上邻居廖悦发的女儿廖翠凤介绍给林家并开始保媒。林、廖两家的家长倒是同意，廖翠凤也对林语堂倾心不已，只有林语堂是无奈之下同意订婚。当时林语堂并不爱廖翠凤，就以留学为借口迟迟不肯回国完婚，没想到廖翠凤不怨不恨，在鼓浪屿痴痴等了林语堂五年，最终彻底打动了林语堂回鼓浪屿迎娶，两人自此不离不弃成就了一段良缘。

鼓浪屿上优美且经典的建筑数不胜数，众多建筑不仅包容了千百国家的建筑风貌，而且都有着自己精彩的历史故事。篇章所限不能一一描绘，最好的方式就是亲临鼓浪屿和它们做一次面对面的交流。

林语堂故居

洋不寻常，中西结合更耐看”。

打赌输掉的黄荣远堂

希腊的廊柱、北欧的窗棂、中国的亭台……黄荣远堂绝对是鼓浪屿上中西合璧建筑的典范，但它居然是黄仲训打赌赢来的。1918年，黄仲训携120万银元，到鼓浪屿设立“黄荣远堂房地产公司”。一天，他与华侨施光丛自厦门乘轮出洋，两人在船上闲得无聊，提议玩牌比大小点来打发时间。施光丛以鼓浪屿福建路32号别墅为筹码，而黄仲训的筹码则是运输船队。据说最后施光丛以一点之差输了，从菲律宾回来后信守诺言将别墅给了黄仲训，这座别墅就是黄荣远堂。

见证爱情的林语堂故居

当年林语堂爱上的是陈锦端，不幸遭到了陈锦端父亲陈天恩的反对。为了让林语堂“移情别恋”，陈锦端将自己鼓浪屿上邻居廖悦发的女儿廖翠凤介绍给林家并开始保媒。林、廖两家的家长倒是同意，廖翠凤也对林语堂倾心不已，只有林语堂是无奈之下同意订婚。当时林语堂并不爱廖翠凤，就以留学为借口迟迟不肯回国完婚，没想到廖翠凤不怨不恨，在鼓浪屿痴痴等了林语堂五年，最终彻底打动了林语堂回鼓浪屿迎娶，两人自此不离不弃，成就了一段良缘。

鼓浪屿上优美且经典的建筑数不胜数，众多建筑不仅包容了各国的建筑风貌，而且都有着自己精彩的历史故事。篇章所限，不能一一描绘，最好的方式就是亲临鼓浪屿，和它们进行一次面对面的交流。

厦门大学：一念是学校，一念是美景

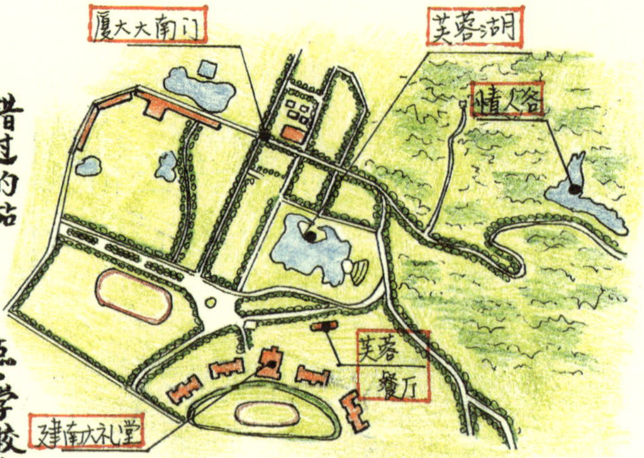

厦大地图

背靠五老峰，毗邻闽南古刹南普陀寺，白城校门之外就是海水浴场……厦门大学如果不是一所学校，那必然会是一处寸土寸金的景区。其实，这两点在厦门大学中并不矛盾，这里早已是「厦门行」不容错过的站点。学校大门前门庭若市，到处都有留念的游客。芙蓉餐厅美食享誉全市，建南大礼堂群贤毕至，芙蓉湖、情人谷更是名气在外……走进厦门大学，这一念此处是学校，下一念此处应是美景。

南门不南西门正西

过去，人们将「考大学」称为「千军万马过独木桥」，考上了大学称为「鱼跃龙门」，所以大多数学生迈入大学后都会选择「校门留影」，纪念自己在千军万马中取得了胜利，顺利跨入「龙门」。也正是因为如此，「校门」往往是大学第一景。厦大的南门和西门也不例外，并且各有渊源。南门不南，说的是厦大的南门并不在校园南边，因为它面向南普陀寺，属于大南片区，因而是「大南校门」的简称，如果严格按照方位而言，应当称「北门」更加恰当。西门则是厦大的主校门，是由厦大名誉校友张子露先生捐赠所建花岗岩的大门上浮雕展现，

厦门大学大南门

厦门大学：一念是学校，一念是美景

背靠五老峰，毗邻闽南古刹南普陀寺，白城校门之外就是海水浴场……厦门大学如果不是一所学校，那必然会是一处寸土寸金的景区。其实，这两点在厦门大学中并不矛盾，这里早已是“厦门行”不容错过的站点。学校大门前门庭若市，到处都有留念的游客，芙蓉餐厅美食享誉全市，建南大礼堂群贤毕至，芙蓉湖、情人谷更是名气在外……走进厦门大学，这一念此处是学校，下一念此处应是美景。

南门不南，西门正西

过去，人们将“考大学”称为“千军万马过独木桥”，考上了大学称为“鱼跃龙门”，所以，大多数学生迈入大学后都会选择“校门留影”，纪念自己在千军万马中取得了胜利，顺利跨入“龙门”。也正是因为如此，“校门”往往是大学第一景。厦大的南门和西门也不例外，并且各有渊源。“南门不南”说的是厦大的南门并不在校园南边，因为它面向南普陀寺，属于大南片区，因而是“大南校门”的简称，如果严格按照方位而言，应当称“北门”更加恰当。西门则是厦大的主校门，是由厦大名誉校友张子露先生捐赠所建，花岗岩的大门上浮雕展现，既庄重又富有时代感。这两处校门均是厦大一景，每天都有无数游客留影，若要照下大门全

既庄重又富有时代感。这两处校门均是厦大一景，每天都有无数游客留影，若要照下大门全景，很难保证镜头里只有自己。

莫要小看厦大的食堂

民以食为天，每一个大学食堂要解决来自五湖四海学生们的「五脏庙」，这可不是件容易的事情，而厦大居然把学生食堂做出了名堂。最着名的当属享誉整个厦门的「芙蓉餐厅」，俗话说「吃饭这事，哪家人多去哪家」，到厦大饭点芙蓉餐厅三层对外开放的「小吃城」可谓是整个厦大人流量最大的地方。就拿餐厅中一道貌不惊人的「手撕鸡拌面」来说，据说「没有熟人」提前排队领号，就只能当下午茶品尝了。当然，勤业餐厅的大馒头更是名动鹭岛，坊间流传，过去厦门最受百姓欢迎的就是「基金」和「厦大馒头」，如今基金不行了，厦大馒头依然挺立不倒。总之，不要以为厦大的食堂就是大锅菜，在这里就餐一定要提前多喝水，因为你可能会流很多口水。

芙蓉餐厅

经常爆满的建南大礼堂

这座礼堂不仅仅是厦大的标志性建筑，更是整个厦门市的标志性建筑之一。其所在的「建南楼群」成弧形排开，面朝大海，环抱「上弦场」，建南大礼堂由厦门校主陈嘉庚先生亲自参与设计并督建。多少年来无数名人在这里举行演讲，几乎是场场爆满。二零一四年十月，余光中、席慕蓉出席第十三届海外华文女作家协会双年会开幕式，下半场活动就定在厦大的建南大礼堂。可是，当众多作家来到礼堂时，发现自己找一个位置都很难了，因为这里早已有无数的读者到场。

南大礼堂

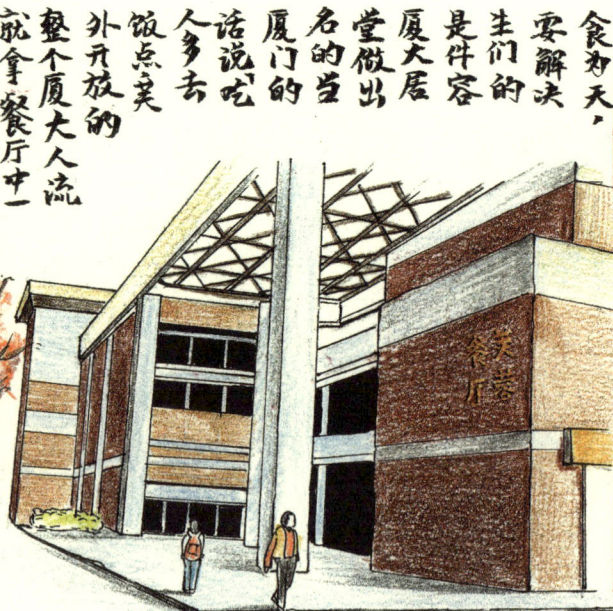

景，很难保证镜头里只有自己。

莫要小看厦大的食堂

民以食为天，每一个大学食堂要解决来自五湖四海学生们的“五脏庙”，这可不是件容易的事情，而厦大居然把学生食堂做出了名堂。最著名的当属享誉整个厦门的“芙蓉餐厅”。俗话说“吃饭这事，哪家人多去哪家”，一到厦大饭点儿，芙蓉餐厅三层对外开放的“小吃城”可谓是整个厦大人流量最大的地方。就拿餐厅中一道貌不惊人的“手撕鸡拌面”来说，据说“没有熟人”提前排队领号，就只能当下午茶品尝了。当然，勤业餐厅的大馒头更是名动鹭岛，坊间流传，过去厦门最受百姓欢迎的就是“基金”和“厦大馒头”，如今基金不行了，厦大馒头依然挺立不倒。总之，不要以为厦大的食堂就是大锅菜，在这里就餐一定要提前多喝水，因为你可能会流很多口水。

经常爆满的建南大礼堂

这座礼堂不仅仅是厦大的标志性建筑，更是整个厦门市的标志性建筑之一，其所在的“建南楼群”成弧形排开，面朝大海，环抱“上弦场”。建南大礼堂是由“厦门校主”陈嘉庚先生亲自参与设计并督建的，多少年来，无数名人在这里举行演讲，几乎是场场爆满。2014年10月，余光中、席慕蓉出席第13届海外华文女作家协会双年会开幕式，下半场活动就定在厦大的建南大礼堂。可是，当众多作家来到礼堂时，

从十几岁的少年，到七旬有余的老人。虽然建南大礼堂至今依然是全国高等院校中座位最多的大礼堂之一，但当天还是座无虚席。据说现场颇有资历的安保从容地表示「这种爆满的情况很正常」！

来情人谷与芙蓉湖做「小过家的」、

诗人说「爱情是一个最古老而又最年轻的话题」！厦大的情人谷和芙蓉湖绝对是当地有名的「恋爱圣地」。旧时候大学谈恋爱并不像如今这样公开化，那时候「浪漫」的定义还是花前月下，所以厦大的「小两口」们中意这两处地方。据老校友们说，他们总是先用小纸条约好，时间通常选择「饭点」，因为饭点校园里人少。然后，女孩带着一本书过来，佯装读书实则「占座」，随后男孩带着双人份的饭菜赶到，吃完饭还要分头离开…… 有人说，无论是情人谷还是芙蓉湖，最恰当的一个形容词就是「淡」，淡淡的过往，淡淡的喜欢，淡淡的思念。然而正是这种淡极始知情更浓的爱情，往往比轰轰烈烈更加地久天长。

厦大的芙蓉湖

嘉庚楼群、建南楼群、鲁迅纪念馆、上弦场…… 走进厦门大学仿佛一步一景而通观其整体又显得格外内敛。也许陈嘉庚先生为厦大所提自强不息，止于至善」的校训，不仅融入了厦大学子的心中，也同样融入了厦大的每一处角落。

1. 敬业的厦大教师

据说厦大的教师十分敬业，很多公开课是由学生自由选择报名的，所以当走进一个教室，发现只有一两个学生在听课，请不要惊讶，也许这只是个冷门的选修。据说，即使是没有学生上课厦大的教师也会敬业地将讲义写在教室黑板上。

2. 厦大诸建筑命名由来

芙蓉楼：南安县梅山镇李氏家族各村总名旧称"芙蓉乡"
南安楼：李光前为南安人 南光楼：南光十李光前
丰庭楼：李氏家族旧地"丰庭乡"
国光楼：李国专（李光前之父）十李光前
群贤楼：王羲之《兰亭序》"群贤毕至，少长咸集" 建南楼：福建，南安，各取一字
成义楼，成智楼：李光前的两个儿子，一个李成义，一个李成智，他们是陈嘉庚的外孙。成义是老大，成智老二，然后老三叫成伟。厦大医院原来就叫成伟楼。

发现自己找一个位置都很难了，因为这里早已有无数读者到场。从十几岁的少年，到七旬有余的老人，虽然建南大礼堂至今依然是全国高等院校中座位最多的大礼堂之一，但当天还是座无虚席。据说现场颇有资历的安保从容地表示：“这种爆满的情况，很正常！”

来情人谷与芙蓉湖做“小过家的”

诗人说：“爱情，是一个最古老而又最年轻的话题！”厦大的情人谷和芙蓉湖，绝对是当地有名的“恋爱圣地”。旧时候，大学谈恋爱并不像如今这样公开化，那时候“浪漫”的定义还是花前月下，所以厦大的“小两口”们中意这两处地方。据老校友们说，他们总是先用小纸条约好，时间通常选择饭点儿，因为饭点儿校园里人少。然后，女孩带着一本书过来，佯装读书，实则“占座”，随后男孩带着双人份的饭菜赶到，吃完饭还要分头离开……有人说，无论是情人谷还是芙蓉湖，最恰当的一个形容词就是“淡”，淡淡的过往，淡淡的喜欢，淡淡的思念。然而正是这种淡极始知情更浓的爱情，往往比轰轰烈烈更加地久天长。

嘉庚楼群、建南楼群、鲁迅纪念馆、上弦场……走进厦门大学仿佛一步一景，而通观其整体又显得格外内敛。也许，陈嘉庚先生为厦大所提“自强不息，止于至善”的校训，不仅融入了厦大学子的心中，也同样融入了厦大的每一处角落。

你不知道的中山路

南京的"中山路"	据说是当时为迎接孙中山先生灵柩而建。
天津的"中山路"	有李鸿章祠堂、直隶总督府、李叔同碑林等一批极具历史价值的建筑和文化遗存。
青岛的"中山路"	最近被网友评为"吃货们必去的中国十大小吃街之一"。
杭州的"中山路"	是当年的南宋御街。

一九二五年孙中山先生去世，为了纪念他，广州国民革命政府要求各地在建的道路、公园、学校都以"中山"命名，"中山路"就成了几乎每座城市都能见到的明星路。厦门中山路正好在此时开工，因此而得名。

细心的人会发现，中山路全长不过一千米，是条比较短的路。但这么短的路还在中间拐个大弯是什么原因呢？原来当年设计中山路的时候，是从现在的厦门公安局开始，到厦门古城的南门。动工后，人们发现，如果按原来的设计方案修路，就要穿过厦门商会副会长家以及他家的祖坟。于是大家就停工讨论，到底要不要按原方案进行。最后修改了方案，那就是绕过副会长的家，将中山路变成一条"弯路"。

民国初期	中山路
日伪时期	大汉路
1966年	东方红路

刚建成的中山路就因为好地段吸引了大量华侨投资开店。那时中山路上有四百十七家商铺，以经营文化产品的居多。这里有很多书店和报馆，古玩艺术品店也不少。中山路旁边的局口街街口有棵大榕树，榕树下立着一个刻有古代民间艺人踩高跷、打城戏等内容的仿古屏风。平时这里上演着南音、歌仔戏、高甲戏和答嘴鼓等闽南戏曲。所以当年的中山路是条文化街，也因此，这里曾吸引了很多文人。著名作家郁达夫就曾在中山路上的天仙旅社住过，他见旅社主人虽然文化程度不高，却极好文史，便欣然应邀，为一九三七年天仙旅社特刊作序。

中山路宽度虽然只有13米，在现在看来不很宽，但在当时，它是厦门最宽的一条路。

你不知道的中山路

1925年，孙中山先生去世。为了纪念他，广州国民革命政府要求当时各地在建的道路、公园、学校都以“中山”命名，“中山路”就成了几乎每座城市都能见到的明星路。厦门中山路正好在此时开工，因此而得名。

细心的人会发现，中山路全长不过1000米，是条比较短的路。但这么短的路还在中间拐个大弯是什么原因呢？

原来，当年设计中山路的时候，是从现在的厦门公安局到厦门古城的南门。动工后，人们发现，如果按原来的设计方案修路，就要穿过厦门商会副会长家以及他家的祖坟。于是大家就停工讨论，到底要不要按原方案进行。最后修改了方案，那就是绕过副会长的家，将中山路变成一条“弯路”。

刚建成的中山路就因为地段好吸引了大量华侨投资开店。那时中山路上有417家商铺，以经营文化产品居多。这里有很多书店和报馆，古玩艺术品店也不少。中山路旁边的局口街街口有棵大榕树，榕树下立着一个刻有古代民间艺人踩高跷、打城戏等内容的仿古屏风，平时这里上演着南音、歌仔戏、高甲戏和答嘴鼓等闽南戏曲。所以当年的中山路是条名副其实的文化街。也因此，这里曾吸引了很多文人。著名作家郁达夫就曾在中山路上的天仙旅社住过，他见旅社主人虽然文化程度不高，却极好文史，便欣然应邀，为《1937年天仙旅社特刊》作序。鲁迅在厦大当教授期间，没事也喜欢到中山路淘淘书，喝喝茶。

随着时间的流逝，中山路的性质慢慢变化，现在虽然已是各种美食特产商铺林立的商业街，但曾经的那些文化地角有些还在，下次再去，不妨找找看。

环島路

像威海的滨海公路、青岛的海滨木栈道一样，厦门的环岛路也是一条沿海而建的城市干道。只不过环岛路并不是环绕整个厦门岛，而是将厦门岛环绕了一半。即使如此，环岛也是条看点十足的「风景路」。

环岛路将厦门滨海景点串联了起来：厦门大学、胡里山炮台、曾厝垵、椰风寨……环岛路像是为厦门岛嵌上了一条珍珠般带。当你在这些景点中穿梭时，时不时就与环岛路相遇了。

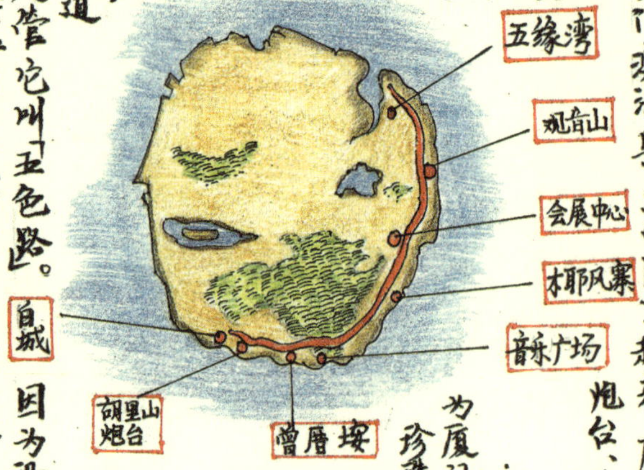

除了沿途景点，环岛路本身也是一道风景。当地人管它叫「五色路」。因为沿途下来，满眼是湛蓝的大海、金黄的沙滩、翠绿色的草地、大红色的跑道和青灰色的公路，可不是「五色」嘛。

环岛路隔离带上，还有一条因为长度而被列入世界吉尼斯纪录的乐谱雕塑「不懂乐谱的可以欣赏一下这本「门」来的大乐谱，懂乐谱的会不禁哼起调调」。这个乐谱是著名歌曲《鼓浪屿之波》，据说一九八二年这首歌被创作出来之后，很多台湾人听完热泪盈眶，纷纷表示要回到家乡。后来《鼓浪屿之波》成为厦门的品牌之歌，不论是在去厦门的飞机上、火车上、游船上，还是在厦门的街道上、商店里，《鼓浪屿之波》的优美旋律都会萦绕耳旁。现在，环岛路旁建起这首歌的乐谱雕塑，让你从视觉上也能感受到它的美。

在环岛路上，有一处写有“一国两制统一中国”的巨大标语牌，与对面金门岛上的标语牌隔海相对，有兴趣的可以去看看。

环岛路全长43千米，走起来比较累，建议在沿途租辆自行车，骑车慢慢欣赏。如果是情侣，不妨选择双人车，更加浪漫，有趣。只是环岛路上租车比较贵，但是骑累了可以就近还车。厦门大学旁边、曾厝垵等地也有租车摊，而且比较便宜，但是很多不能就近还车，只能骑回原地还车。

环岛路

像威海的滨海路、青岛的海滨木栈道一样，厦门的环岛路也是一条沿海而建的城市干道。只不过环岛路并不是环绕整个厦门岛，而是将厦门岛环绕了一半。即便如此，环岛路也是条看点十足的“风景路”。

环岛路将厦门滨海景点串联了起来：厦门大学、胡里山炮台、曾厝垵、椰风寨……环岛路像是为厦门岛嵌上了一条珍珠发带。当你在这些景点中穿梭时，时不时就与环岛路相遇了。

除了沿途景点，环岛路本身也是一道风景，当地人管它叫“五色路”。因为沿途下来，满眼是湛蓝的大海、金黄的沙滩、翠绿色的草地、大红色的跑道和青灰色的公路，可不是“五色”嘛。

环岛路隔离带上，还有因为长度而被列入世界吉尼斯纪录的乐谱雕塑。不懂乐谱的可以欣赏一下这247.59米长的大乐谱，懂乐谱的会不禁哼起调调。这个乐谱是著名歌曲《鼓浪屿之波》，据说1982年这首歌被创作出来之后，很多台湾人听完热泪盈眶，纷纷表示要回到家乡。后来《鼓浪屿之波》成为厦门的品牌之歌，不论是在去厦门的飞机上、火车上、游船上，还是在厦门的街道上、商店里，《鼓浪屿之波》的优美旋律都会萦绕耳旁。现在，环岛路旁建起这首歌的乐谱雕塑，让你从视觉上也能感受到它的美。

中山公园旁，有个百家村

为纪念孙中山，二十世纪二三十年代，全国各地掀起了建中山公园的热潮，厦门也不例外。经过综合考虑，中山路尽头的一块地被选中。但由于当时这里还有百来户居民，政府就在公园东南修建了百余间房将这些人安置于此。百家村从此发展起来。

百家村最有看点的当属建筑。这里的建筑既传承了老厦门的经典建筑风格，又融合了二十世纪二三十年代传入的西洋味道，中西合璧，可与鼓浪屿的建筑媲美。鼓浪屿美则美矣，但多数建筑是富豪和洋人所建，与厦门普通人的生活有点距离，而百家村则大多数是平民百姓居住，生活气息浓厚，因而承载了很多老厦门人的美好回忆。

除了建筑，这里最值得称道的就是美食了。百家村最具代表性的是「公厕美食」。可能因为百家村地界不大，许多美食小摊都建在公厕附近。虽然听起来不雅，但是当美食已经好吃到令人发狂的时候，公厕就可以视而不见了。最具代表性的公厕美食当属吴记煸豆干，阿牛章鱼白灼灼，配上黄瓜和香菜，清爽滑嫩。

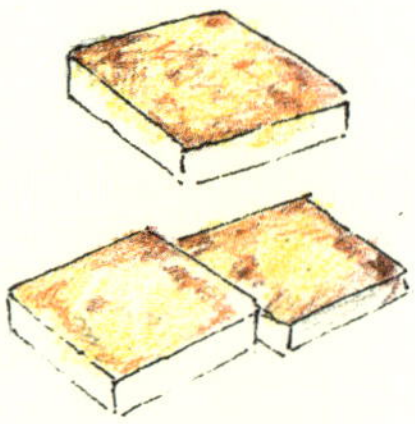

吴记煸豆干

阿牛章鱼

酱油芒果

在北方人看来，酱油芒果绝对算得上是黑暗料理，但百家村水果摊老板却会极力推荐给你。因为这里的芒果太甜，酱油可以中和甜度去腻味，甚至防止对芒果过敏。利友盐水鸭的老板做鸭随心所欲，好像也没什么秘方，但做出来的鸭子肉质细嫩，有股特别的清香，再蘸上他们家酸甜带辣的秘家酱料，味蕾全都「瘫痪」。

如果你走到了中山路，不妨穿过熙熙攘攘的人群走到尽头，去逛逛这个中山公园旁边的百家村。

百家村一角

百家村由政府统一规划，房子格局为前庭后厝，每家的墙体连在一起，形成排列，中间用小路隔开，村落的中心近建有相当高规格的公共厕所。这样的规划在厦门市区是没有的，因此百家村成为厦门「模范村」。

中山公园旁，有个百家村

为纪念孙中山，20世纪二三十年代，全国各地掀起了建中山公园的热潮，厦门也不例外。经过综合考虑，中山路尽头的一块地被选中。但由于当时这里还有百来户居民，政府就在公园东面修建了百余间房，将这些人安置于此。百家村从此发展起来。

百家村最有看点的当属建筑。这里的建筑既传承了老厦门的经典建筑风格，又融合了20世纪二三十年代传入的西洋味道，中西合璧，可与鼓浪屿的建筑媲美。鼓浪屿美则美矣，但多数建筑是富豪和洋人所建，与厦门普通人的生活有点距离，而百家村则大多数是平民百姓居住，生活气息浓厚，因而承载了很多老厦门人的美好回忆。

除了建筑，这里最值得称道的就是美食了。百家村最具代表性的是“公厕美食”。可能因为百家村地界不大，很多美食小摊都建在公厕附近。虽然听起来不雅，但是当美食已经好吃到令人发狂的时候，公厕就可以视而不见了。最有代表性的公厕美食当属吴记煸豆干、阿牛章鱼、酱油芒果和利友咸水鸭。喝酒的时候来点吴记煸豆干，比下雨天睡觉还惬意。阿牛章鱼白灼灼，配上黄瓜和香菜，清爽滑嫩。在北方人看来，酱油芒果绝对算得上是黑暗料理，但百家村水果摊老板却会极力推荐给你。因为这里的芒果太甜，酱油可以中和甜度去腻味，甚至防止对芒果过敏。利友盐水鸭的老板做鸭随心所欲，好像也没什么秘方，但做出来的鸭子肉质细嫩，有股特别的清香，再蘸上他们家酸甜带辣的独家酱料，味蕾全都“瘫痪”。

如果你走到了中山路，不妨穿过熙熙攘攘的人群走到尽头，去逛逛这个中山公园旁边的百家村。

小贴士：

民国时期，全国各地曾刮起一阵“建中山公园”的风。到现在，中山公园已经成为世界上数量最多、分布最广的同名纪念性公园之一。2003年，在北京、青岛、武汉、厦门等地中山公园的联合倡议下，还成立了中国中山公园联谊会。

中山公园在世界上的分布情况

（截止到2008年）

中国	70座
美国	2座
加拿大	2座
日本	1座

曾厝垵：就是这么个清新文艺范儿

古时，曾厝垵只是一个小渔村，男人们出海打鱼，女人们在家耕织，朝晖而出，日暮而归，一副怡然景象。明代时，因为倭寇进犯东南沿海，身处厦门港南部的曾厝垵成了军事要冲，这里则多了一丝沉重。清代于此设水师驻守，国民党的「海军航空处」和飞机场也建在了这里。曾厝垵好像穿上了迷彩服的战士，身边常常弥漫着战火硝烟的味道。老一辈的曾厝垵人还会跟你描述日本人上岸后，如何对曾厝垵村进行残忍的屠杀，也会跟你讲两岸对峙时期在海边劳作的农民经常会碰到对岸的炸弹飞过来。逃过的算是幸运，逃不过的只能认命。现在，曾厝垵经过改造又恢复了它浪漫的一面。虽然进行了全新的建设，但是这里原生态闽南渔村风光的房子也都得以保留。

这里的客栈民宿也很有意思。前几年，随着旅游人数增加，很多曾厝垵的住户就将自己的家改造成客栈民宿，既方便他人也能给自己家添些热闹。因为生活实在惬意，曾厝垵人没想要「做大做强」，也就没什么经营思路，只是由着喜好把自己的家简单装修一下。你玩累了，碰巧经过我家，那就在这歇歇脚，就着茶或者啤酒，我们分享下各自的故事。走的时候，若有什么小心情，那就写在小笺上，贴在房间里或者放到抽屉里。后面来的人能读到你的文字，也算与你有缘。

这儿没有大都市的繁华与嘈杂，节奏也不快。这儿有的是开出一片红紫白黄的缅栀子、三角梅、凤凰花以及众多叫不上名来的花，有的是摆满大芒果、红毛丹、菠萝蜜等花花绿绿水果的水果摊和独特的民居、文艺的小店。工作累了，生活累了，不妨来这里走走看看。

曾厝垵读作「zēng cuò ān」。曾是姓；厝在闽南方言中是房屋的意思；垵，古同「埯」，用于地名。「曾厝垵」大意就是以曾姓为主的村子。

曾厝垵：就是这么个清新文艺范儿

古时，曾厝垵只是一个小渔村。男人们出海打鱼，女人们在家耕织。朝晖而出，日暮而归，一幅恬然景象。明代时，因为倭寇进犯东南沿海，身处厦门港南部的曾厝垵成了军事要冲。清代于此设水师驻守，国民党的“海军航空处”和飞机场也建在了这里。曾厝垵好像穿上了迷彩服的战士，身边常常弥漫着战火硝烟的味道。老一辈的曾厝垵人还会跟你描述日本人上岸后，如何对曾厝垵村进行残忍的屠杀，也会跟你讲两岸对峙时期，在海边劳作的农民经常会碰到对岸的炸弹飞过来。逃过的算是幸运，逃不过的只能认命。现在，曾厝垵经过改造，又恢复了它美好的一面。虽然进行了全新的建设，但是这里原生态闽南渔村风光的房子也都得以保留。

这里的民宿客栈也很有意思。前几年，随着旅游人数增加，很多曾厝垵的住户就将自己的家改造成民宿客栈，既方便他人，也能给自己家添些热闹。你玩累了，碰巧经过我家，那就在这歇歇脚，就着茶或者啤酒，我们分享下各自的故事。走的时候，若有什么小心情，那就写在小笺上，贴在房间里或者放到抽屉里。后面来的人能读到你的文字，也算与你有缘。

这儿没有大都市的繁华与嘈杂，生活节奏也不快。这儿有的是开出一片红紫白黄的缅栀子、三角梅、凤凰花以及众多叫不上名来的花，有的是摆满大芒果、红毛丹、菠萝蜜等花花绿绿水果的水果摊和独特的民居、文艺的小店。工作累了生活累了，不妨来这里走走看看。

广场论书·导致没人敢写字

书法是中国人的骄傲，有人说它是「中国五千年传统文化艺术发展最具有经典标志的民族符号」。厦门环岛路上的书法广场，无疑将这种骄傲展示给了所有中外友人，据说还发生过「广场论书的趣事」，使得无人敢在广场上写书法。二○○六年书法广场竣工不久，国内外许多书法爱好者慕名而来，除了欣赏整个书法广场的美景，很多专业人士也开始讨论书法问题。据说一位在场的日本书法家提起日本的「书道」，然后询问中国「书法」中的「法」是不是「法则」的意思。这时候，一位中国书法家站出来解释说：「法」并非法则，因为中国人不喜欢给他人制定法则，「法」更多时候被认为是「方法」的意思，也就是说先贤们为后人提供一种值得学习的书写方法，希望后人继承。所有人都看出来，中国书法家解释得非常谦虚。随后又有人问日本书法家：「日本书道中的道是道理的意思吗？」日本书法家自然明白中国书法家之前的含蓄，于是答道：「哪敢称是道理，是一条书写的道路罢了，好好写字，能找到通往人生答案的道路。」众人相视一笑，本以为「广场论书」就这么结束了，突然一位国学教授为展示中国书法的博大精深，以广场为题出了一个上联「天为宣纸海为墨」，这一下，谁都不敢现场写书法了，因为每一个人都懂得后半句：何人敢写？

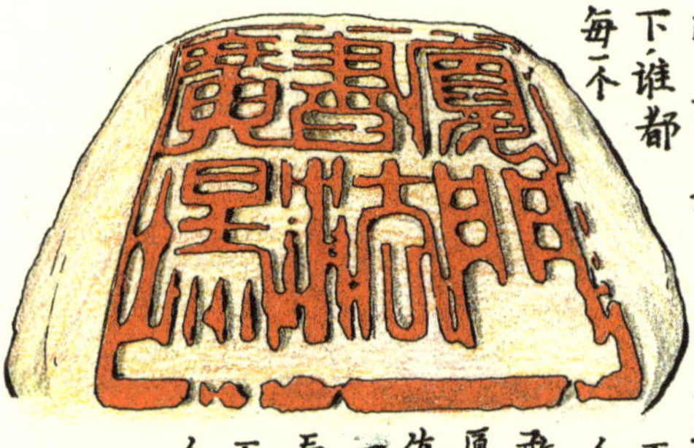

厦门的书法广场之所以值得一游，其原因之一是人们在其中能够看清自己的渺小与不足，趣谦虚，永远是人类前进的最大动力。

毛笔

砚台

笔架

广场论书，导致没人敢写字

书法是中国人的骄傲，有人说它是“中国五千年传统文化艺术发展最具有经典标志的民族符号”。厦门环岛路上的书法广场，无疑是将这种骄傲展示给了所有中外友人，据说在此还曾发生过“广场论书”的趣事，使得无人敢在广场上写书法。

2006年书法广场竣工不久，国内外许多书法爱好者慕名而来，除了欣赏整个书法广场的美景，很多专业人士也开始讨论书法问题。据说一位在场的日本书法家提起日本的“书道”，然后询问其他人中国“书法”中的“法”，是不是法则的意思。这时候，一位中国书法家站出来解释说，“法”并非法则，因为中国人不喜欢给他人制定法则。“法”更多时候被认为是方法的意思，也就是说先贤们为后人提供一种值得学习的书写方法，希望后人继承。所有人都听得出来，中国书法家解释得非常谦虚。随后又有人问日本书法家：“日本‘书道’中的‘道’是道理的意思吗？”日本书法家自然明白中国书法家之前的含蓄，于是答道：“哪敢称是道理，只是一条书写的道路罢了，好好写字，就能找到通往人生答案的道路。”众人相视一笑，本以为“广场论书”就这么结束了，突然一位国学教授为展示中国书法的博大精深，以广场为题出了一个上联“天为宣纸海为墨”，这一下，谁都不敢现场写书法了，因为每一个人都懂得上联的后半句：何人敢写？

厦门的书法广场之所以值得一游，原因之一是人们在其中能够看清自己的渺小与不足。谦虚，永远是人类前进的动力。

连蒙带骗还要抢，苦建胡里山炮台

厦门胡里山炮台建成于清光绪二十二年，是世界现存原址上最古老最大的十九世纪海岸炮，在历史上曾有「八闽门户、天南锁钥」的地位。然而当时建造这处炮台时并不顺利，最主要的问题，就是资金短缺。心怀国家的卞宝第、谭钟麟两任闽浙总督为了凑资金甚至「连蒙带骗还要抢」。

光绪十四年，闽浙总督卞宝第上书请求在厦门口岸建造新式炮台，朝廷虽然答应了，但给的回复却是「本省自行筹款购买」。卞宝第无计可施，就只能蒙朝廷了。他先找海军衙门借钱，然后找了个事由裁撤南台、材浦等处两营兵勇，用省下的粮饷陆续还款。然后卞宝第又在朝廷未允许的情况下和德商签订首付还贷的购买合同先买了大炮。卞宝第病故后谭钟麟接任总督，他发现只蒙朝廷钱还是不够，就决定骗德商。谭钟麟谎称「兵饷累欠，京难周转」，要废除与德商购买的合同。德商感觉钱赚不到了，瞬间就着急了，于是德商一边降价，一边派遣大使给清政府施压。谭钟麟这招「以退为进」既让德商让利又让朝廷拨款，可谓一举两得。最后，谭钟麟发现还差一部分银子，又决定「抢盗匪」。当时无论是山贼还是海盗，只要被谭钟麟缴获，人上交朝廷，财物一律暗扣下来用于建造炮台。蒙朝廷、骗德商、抢盗匪，胡里山炮台最终修建成功，当真来之不易。

「炮巡海岸，十舰难登滩」，如今登上炮台瞭望广阔的大海，不禁感慨在厦门的浮沉岁月中，胡里山炮台已向世人证明了它有多重要。

胡里山炮台战功

1900年8月间，日军制造了火灾，并以东本愿寺被焚为借口，公然派兵登陆厦门，妄图独占厦门。消息传到胡里山炮台，守台官兵立即脱去炮衣，掉转炮口，对准鼓浪屿海面的日舰和日本领事馆。日军慑于大炮的威力，不得不于8月31日撤兵回舰。

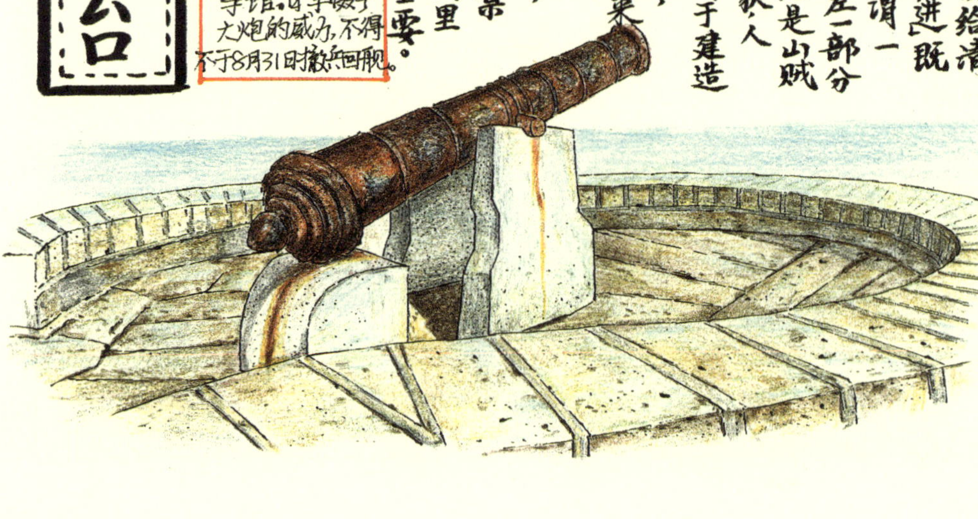

胡里山炮台

连蒙带骗还要抢，苦建胡里山炮台

厦门胡里山炮台建成于清光绪二十二年，是世界现存原址上最古老最大的19世纪海岸炮，在历史上曾有“八闽门户、天南锁钥”的地位。然而当时建造这处炮台时并不顺利，最主要的问题就是资金短缺。心怀国家的卞宝第、谭钟麟两任闽浙总督，为了凑资金甚至“连蒙带骗还要抢”。

光绪十四年，闽浙总督卞宝第上书，请求在厦门口岸建造新式炮台，朝廷虽然答应了，但给的回复却是“本省自行筹款购买”。卞宝第无计可施，就只能蒙朝廷了，他先找海军衙门借钱，然后找了个事由裁撤南台、材浦等处两营兵勇，用省下的粮饷陆续还款。然后，卞宝第又在朝廷未允许的情况下和德商签订“首付还贷”的购买合同，先买了大炮。卞宝第病故后谭钟麟接任总督，他发现只蒙朝廷钱还是不够，就决定骗德商。谭钟麟谎称“兵饷累欠，京难周转”，要废除与德商购买的合同，德商感觉钱赚不到了，瞬间就着急了，于是德商一边降价，一边派遣大使给清政府施压。谭钟麟这招“以退为进”既让德商让利，又让朝廷拨款，可谓一举两得。最后，谭钟麟发现还差一部分银子，又决定“抢盗匪”。当时无论是山贼还是海盗，只要被谭钟麟缴获，人上交朝廷，财物一律暗扣下来用于建造炮台。蒙朝廷、骗德商、抢盗匪，胡里山炮台最终修建成功，当真来之不易。

“一炮巡海岸，十舰难登滩”，如今登上炮台瞭望广阔的大海，不禁感慨在厦门的浮沉岁月中，胡里山炮台已向世人证明了它有多重要。

筼筜湖：大自然给厦门的一次悔过机会

白鹭再次出现在筼筜湖上

鹭岛，是厦门的另一个美丽的名字，而当人们真的走进鹭岛之中寻找白鹭的时候，筼筜湖则是最终的目的地。筼筜湖，是老厦门人倍感亲切的地方，这里的白鹭曾因厦门人犯错而被迫远走，随后又被厦门人感动而归，似乎是大自然给了厦门一次悔过的机会，失而复得也让厦门人更加珍惜这里。

筼筜湖原为筼筜港，与大海相通，据说其内的小岛因有白鹭栖息，是厦门境内最早被称为「鹭岛」的地方。二十世纪七十年代，全国倡导「围海造田、伐木求耕」，增加国民粮食储备，这里为此修建了一条1700米的海堤，将筼筜港硬生生变成了筼筜湖。之后，环湖周边的工业、民居数量直线上升，几百家工厂和数十万居民产出的废水大多没有经过任何处理便直接排入筼筜。筼筜湖最严重的时候恶臭扑面，湖内鱼虾绝迹，湖岛白鹭飞离。老厦门人和孩子们讲述在这里戏水钓鱼的往事时无不痛心。九十年代初，厦门政府决定悬崖勒马，实施「筼筜湖综合整治」措施，获得老百姓的一致拥护，但当时无人有足够的信心，因为人类破坏了大自然，真的「覆水难收」吗？厦门人用行动表达了自己对筼筜湖的悔过之心，直到第一只白鹭再次出现在筼筜湖岛上的时候，所有人才确信，大自然真的原谅了厦门曾经犯下的错误。「不以牺牲环境求繁荣」，这是厦门发展的核心思想，也许这正是筼筜湖失而复得留给厦门的意义所在。而我们更应该谨记：悔过的机会，大自然是不会经常给予的。

从筼筜湖看厦门

二十世纪九十年代，厦门依然是全国最脏乱差的城市之一，而到了九十年代末，厦门却被认为是全国最干净的城市之一。整个九十年代，厦门没有以发展经济为中心；而以整顿自然环境为中心。但事实表现这一行为比「发展经济」给厦门带来的好处更多。

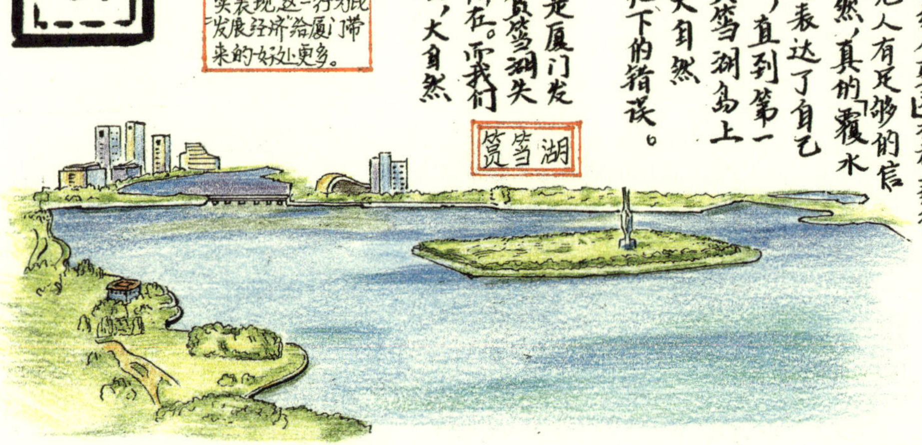

筼筜湖：大自然给厦门的一次悔过机会

鹭岛，是厦门的另一个美丽的名字，而当人们真的走进鹭岛之中寻找白鹭的时候，筼筜湖则是最终的目的地。筼筜湖，是老厦门人倍感亲切的地方，这里的白鹭曾因厦门人犯错而被迫远走，随后又被厦门人感动而归，似乎是大自然给了厦门一次悔过的机会，失而复得也让厦门人更加珍惜这里。

筼筜湖原为筼筜港，与大海相通，据说其内的小岛因有白鹭栖息，是厦门境内最早被称为“鹭岛”的地方。20世纪70年代，全国倡导“围海造田、伐木求耕”，增加国民粮食储备，这里为此修建了一条1700米的海堤，将筼筜港硬生生变成了筼筜湖。之后，环湖周边的工业、民居数量直线上升，几百家工厂和数十万居民产出的废水大多没有经过任何处理便直接排入筼筜湖。筼筜湖污染最严重的时候恶臭扑面，湖内鱼虾绝迹，湖岛白鹭飞离。老厦门人和孩子们讲述在这里戏水钓鱼的往事时无不痛心。90年代初，厦门政府决定悬崖勒马，实施“筼筜湖综合整治”措施，获得老百姓的一致拥护，但当时无人有足够的信心，因为人类破坏了大自然，真的“覆水能收”吗？厦门人用行动表达了自己对筼筜湖的悔过之心，直到第一只白鹭再次出现在筼筜湖岛上的时候，所有人才确信，大自然真的原谅了厦门曾经犯下的错误。

“不以牺牲环境求繁荣”，这是厦门发展的核心思想，也许这正是筼筜湖失而复得教给厦门人的。而我们更应该谨记：悔过的机会，大自然是不会经常给予的。

青礁慈济宫里头供的是医生

北宋宋仁宗的母后身患乳疾，御医多次诊治却是百药无效。宋仁宗见母后病情日重，十分担忧，只好张贴皇榜，广征良医。一天，一位从福建云游到都城的民间医生吴夲(tāo)路过皇榜前，读完后竟将皇榜揭了。官兵将其带进宫中。宋仁宗一看，此人样貌不凡，粗衣草履，上朝不懂礼节，分明是个乡下医生，不禁心生疑虑。但为了给太后治病，还是决定让他试一试。

吴夲被带到太后床前，太监从帐中牵出一条丝线，让吴夲用线把脉。吴夲三指轻叩，随即叹息道：「没救了」。众人大惊，原来为了试试他的本事，宋仁宗让人将丝线绑在床杆上。宋仁宗又命人将丝线绑在猫身上，以猫试他，又被他识破。至此宋仁宗对他的医术不再怀疑，让他为太后医治。经过吴夲的一番调治，太后痊愈。宋仁宗十分感激，便要赐封他为太医。不料吴夲起身辞谢，坚持回故里，为家乡百姓治病。宋仁宗见他态度坚决，只好随他。

吴夲回乡后，名气大增，众人纷纷请他看病。

吴夲也以治病救人为修真悟道之法，整日上山采药，下乡救人。不幸的是，在有次采药的过程中，吴夲不慎落崖谢世。当地人为纪念他，就在他的故乡和炼丹处各建了一座慈济宫，炼丹处那座便是青礁慈济宫。

据说郑成功率军收复台湾之前，特意到青礁慈济宫许愿，请「吴医生」护航助战，并立言收复台湾后重修此地。哪知台湾收复了，青礁慈济宫却被清朝控制，无法还愿。郑成功在台湾建了一座青礁慈济宫，每年在此遥祭大陆祖宫，延续至今。

1971年：
大道真人
1253年：
守道真人
1264年：
福善真人
1275年：
孚惠妙道真君
元代：
普祐帝君
1372年
吴天御史医灵真君

青礁慈济宫里头供的是医生

北宋宋仁宗的母后身患乳疾，御医多次诊治，却是百药无效。宋仁宗见母后病情日重，十分担忧，只好张贴皇榜，广征良医。

一天，一位从福建云游到都城的民间医生吴夲（tāo）路过皇榜前，读完后竟将皇榜揭了。官兵将其带进宫中，宋仁宗一看，此人样貌平凡，粗衣草履，上朝不懂礼节，分明是个乡下医生，不禁心生疑虑。但为了给太后治病，还是决定让他试一试。

吴夲被带到太后床前，太监从帐中牵出一条丝线，让吴夲用线把脉。吴夲三指轻叩，随即叹息道："没救了。"众人大惊，原来为了试试他的本事，宋仁宗让人将丝线绑在床杆上。宋仁宗又命人将丝线绑在猫身上，以猫试他，又被他识破。至此宋仁宗对他的医术不再怀疑，让他为太后医治。经过吴夲的一番调治，太后痊愈，宋仁宗十分感激，便要赐封他为太医。不料吴夲却起身辞谢，坚持回故里，为家乡百姓治病。宋仁宗见他态度坚决，只好随他。

吴夲回乡后，名气大增，众人纷纷请他看病。吴夲也以治病救人为修真悟道之法，整日上山采药，下乡救人。不幸的是，在有次采药的过程中，吴夲不慎落崖谢世。当地人为纪念他，就在他的故乡和炼丹处各建了一座慈济宫，炼丹处那座便是青礁慈济宫。

据说郑成功率军收复台湾之前，特意到青礁慈济宫许愿，请"吴医生"护航助战，并立言收复台湾后重修此地。哪知台湾收复了，青礁慈济宫却被清朝控制，无法还愿。郑成功在台湾建了一座青礁慈济宫，每年在此遥祭大陆祖宫，延续至今。

同安孔庙与陈永华的缘分

同安孔庙是厦门唯一一座孔庙，虽然在全国几十座孔庙中规模偏小，却有着不一样的历史，这要从陈永华其人说起。

陈永华是明末清初同安人，字复甫，他就是野史中立志抗清的天地会总舵主陈近南的原型。陈永华的父亲陈鼎是个举人，任职同安教谕。清军入关进入福建时，同安县拒不开城，城破之日清军屠城，造成五万多人丧生。陈鼎也自缢于同安孔庙中的明伦堂。当时，十四岁的陈永华听说了父亲的噩耗，独自入城求尸，身背父亲遗体，

同安孔庙

为父亲殓葬，发誓与清廷誓不两立。葬完父亲后，陈永华便投奔了当时占据中左所（厦门岛）的郑成功，成为他的幕僚。郑成功称赞陈永华「永华乃今之卧龙也」，委以重任。

由于陈鼎在同安县便主管教育，陈永华受他父亲影响，在郑成功收复台湾后，也致力于发展台湾教育。他对同安孔庙了解最为详细，便向郑经建议在台南也建一座孔庙。郑经起初并不在意，陈永华据理力争，终于在一六六六年建成了台南孔庙，这也是郑成功收复台湾后建立的第一所高等学府。陈永华还派专人到同安请老师赴台讲课，同安孔庙也因此成为那个时代的「两岸文化交流使者」。

陈永华死后，清政府收回台湾，将他的墓迁到了集美区后溪镇后溪村下店，当地人称之为「将军墓」。后来将军墓被挖出，出土了两枚印章和一块墓志铭，印章上有「复甫」的字样，证实墓中人确实是陈永华。

福建省共有七处孔庙，分别是仙游文庙、福州文庙、漳州文庙、漳浦文庙、安溪文庙、泉州文庙和同安孔庙。

复甫印章

厎珍印章

同安孔庙与陈永华的缘分

同安孔庙是厦门唯一一座孔庙，虽然在全国几十座孔庙中属于规模偏小的，却有着特殊的历史，这要从陈永华其人说起。

陈永华是明末清初同安人，字复甫，他就是野史中立志抗清的天地会总舵主陈近南的原型。陈永华的父亲陈鼎是个举人，任职同安教谕，清军入关进入福建时，同安县拒不开城，城破之日清军屠城，造成五万多人丧生，陈鼎也自缢于同安孔庙中的明伦堂。当时，14岁的陈永华听说了父亲的噩耗，独自入城求尸，身背父亲遗体，为父亲殓葬，发誓与清廷誓不两立。葬完父亲后，陈永华便投奔了当时占据中左所（厦门岛）的郑成功，成为他的幕僚，郑成功称赞陈永华“乃今之卧龙也”，委以重任。

由于陈鼎在同安县便主管教育，陈永华受他父亲影响，在郑成功收复台湾后，也致力于发展台湾教育。他对同安孔庙了解最为详细，便向郑成功的长子郑经建议在台南也建一座孔庙。郑经起初并不在意，陈永华据理说服，终于在1666年建成了台南孔庙，这也是郑成功收复台湾后建立的第一所高等学府。陈永华还派专人到同安请老师赴台讲课。同安孔庙也因此成为那个时代的“两岸文化交流使者”。

陈永华死后，清政府收回台湾，将他的墓迁到了集美区后溪镇后溪村下店，当地人称之为“将军墓”。后来将军墓被发掘，出土了两枚印章和一块墓志铭，印章上的“复甫”字样证实墓中人确实是陈永华。

厦门寺庙故事多

「山不在高，有仙则灵，水不在深，有龙则灵」，这句话如果用在厦门的寺庙上

就是「寺不在大小，心诚则灵」。厦门的寺庙很多，大大小小加在一起五十余所，多数占地面积都不大，但胜在亲近人间，非常适于信徒日常礼佛。某些历史久远的寺庙则建在山峰下、巨岩边。这里便说说这些有故事的寺庙吧。

梵天寺 梵天寺始建于隋朝，初名「兴教寺」，宋朝时期合并七十二间禅院成为「梵天禅寺」。元朝末年毁于战火。梵天寺的僧众虽出家但并不避世。明末清初，郑成功曾于大轮山筑寨抗清，失败后清兵屠杀了很多反抗者，梵天寺无疑大师和徒弟们将尸体背到大轮山之北埋葬清兵知道后，上梵天寺大闹，后来北伐战争时，梵天寺又被北洋军阀纵火焚寺，损失惨重，多亏了信徒们几番修缮才重复昔日荣光。

梅山寺 始建于隋朝的梅山寺与当地黄佛寺、大轮山梵天寺同为隋朝时同安三大古寺。梅山寺有一尊释迦牟尼佛坐像，高五米多，宽四米，厚三米，重六十五吨，是全国最大的玉佛像。据说梅山寺住持慈明法师在青海修行时，曾梦见自己背着一尊玉佛在山上奔跑。于是他去缅甸寻找玉石，竟然在一株千年老树下刨出了一块重达三百多吨的玉石，就是这块玉石被雕琢成了梅山寺里令人叹为观止的大玉佛。

石室禅院 石室禅院始建于唐朝，是药师佛道场，位于珑珰山下。石室禅院是闽南开发时建的第一批寺庙之一，也经过历朝历代多次修缮，明朝戚继光将军抗倭时也曾驻扎在这片区域。至今石室禅院中还留有戚家军所用的马槽。石室禅院于二〇〇四年修建后的禅院有九十处景观，包括一座全国最长的一百零八米照壁。

厦门寺庙：太平岩寺、普光寺、万石莲寺、日光岩寺、中岩寺、紫竹林寺、能仁寺、斗拱岩寺、祇园寺、准提寺、准提寺、雪峰寺、普陀岩寺、西竺寺等。

梅山寺

厦门寺庙故事多

“山不在高，有仙则灵；水不在深，有龙则灵。”这句话如果用在厦门的寺庙上就是“寺不在大小，心诚则灵”。厦门的寺庙很多，大大小小加在一起50余所，多数占地面积都不大，但胜在近人间烟火，非常适于信徒日常礼佛。某些历史久远的寺庙则建在山峰下、巨岩边。这里便说说这些有故事的寺庙吧。

梵天寺

梵天寺始建于隋朝，初名“兴教寺”，宋朝时期合并72间禅院成为“梵天禅寺”，元朝末年毁于战火。梵天寺的僧众虽出家但并不避世，明末清初，郑成功曾于大轮山筑寨抗清，失败后，清兵屠杀了很多反抗者。梵天寺无疑大师和徒弟们将抗清将士的尸体背到大轮山之北埋葬，清兵知道后，上梵天寺大闹了一场，破坏了很多殿宇。后来北伐战争时，梵天寺又被北洋军阀纵火焚寺，损失惨重，多亏信徒们几番修缮才恢复昔日荣光。

梅山寺

始建于隋朝的梅山寺与当地黄佛寺、大轮山梵天寺同为隋朝时同安三大古寺。梅山寺有一尊释迦牟尼佛圣像，高5米多，宽4米，厚3米，重65吨，是全国最大的玉佛像。据说梅山寺住持慈明法师在青海修行时，曾梦见自己背着一尊玉佛在山上奔跑。于是他去缅甸寻找玉石，竟然在一株千年老树下刨出了一块重达300多吨的玉石，就是这块玉石被雕琢成了梅山寺里令人叹为观止的大玉佛。

石室禅院

石室禅院始建于唐朝，是药师佛道场，位于玳瑁山下。石室禅院是闽南开发时建的第一批寺庙之一，也经过了历朝历代多次修缮。明朝将军戚继光抗倭

南普陀寺

五峰下的南普寺前身是「普照寺」也叫「普照院」，建于五代十国，毁于明末清初的战火中。清朝康熙年间施琅驻兵厦门，重建普照寺，并建了一间大悲阁，因其与浙江普陀寺一样，供奉的都是观世音菩萨，又在普陀山以南，遂改名「南普陀寺」。民国年间，南普陀寺成为十方丛林，既迎纳十方高僧大德的丛林禅寺。又在寺中创办闽南佛学院和佛教养正院，从此成为闽南佛教圣地之一。另外南普陀寺的素斋和素饼非常好吃，其中素饼还荣获过「中国名点」金鼎奖。

虎溪岩寺

虎溪岩寺在思明区东北隅的玉屏山麓，始建于明朝万历年间。相传古时候，这座山的山谷中有一石洞，洞中有虎，称为虎洞，洞下有一条小溪，称「虎溪」。因此这座山就叫虎溪山，厦门八大景之一「虎溪夜月」就在这里。虎溪岩寺经常举行传戒大法会，场面盛大，吸引海内外众多佛教信徒前来参拜。

白鹿洞寺

白鹿洞寺在虎溪山后玉屏山南侧，与虎溪岩同时为明代林懋时开拓。白鹿洞得名于朱熹。据说这个山洞初开是为了建闽奉祀理学家朱熹，因为朱熹曾在庐山建白鹿洞讲学，因此这里也取名白鹿洞。白鹿洞中有一座后人雕刻的白鹿，嘴中最初会吐出白米，惠及众多周边的穷苦人，有个贪心的贼人贪图白米，用铁凿把鹿嘴撬大了，从此这只白鹿再也不吐米了，而每逢初一或十五，鹿嘴里就会吐出一团团烟雾，像在发泄心中的怨气，故称「白鹿御烟」，被列为厦门「小八景」之一。

白鹿洞书院：白鹿洞，位于江西省九江市的庐山东北玉屏山南，虎溪岩背后，是北宋六大书院之一。白鹿洞是唐代洛阳人李渤力年轻时隐居求学之地.

时曾驻扎在这片区域，至今石室禅院中还留有戚家军所用的马槽。石室禅院于2004年重修，修建后的禅院有几十处景观，包括一座全国最长的108米照壁。

南普陀寺

五老峰下的南普陀寺前身是“普照寺”，也叫“普照院”，建于五代十国，毁于明末清初的战火中。清朝康熙年间施琅驻兵厦门，重建普照寺，并建了一间大悲阁。因其与浙江普陀寺一样，供奉的都是观世音菩萨，又在普陀山以南，遂改名“南普陀寺”。民国年间，南普陀寺成为十方丛林，即迎纳十方高僧大德的丛林禅寺，又在寺中创办闽南佛学院和佛教养正院，从此成为闽南佛教圣地之一。另外，南普陀寺的素斋和素饼非常好吃，其中素饼还荣获过“中国名点”金鼎奖。

虎溪岩寺

虎溪岩寺在思明区东北隅的玉屏山麓，始建于明朝万历年间。相传古时候，这座山的山谷中有一石洞，洞中有虎，称为虎洞，洞下有一条小溪，称“虎溪”。因此这座山得名虎溪山，厦门八大景之一“虎溪夜月”就在这里。虎溪岩寺经常举行传戒大法会，场面盛大，吸引了海内外众多佛教信徒前来参拜。

白鹿洞寺

白鹿洞寺在虎溪岩山后，玉屏山南侧，与虎溪岩同时为明代林懋时开拓。白鹿洞得名于朱熹。据说，这个山洞初开是为了建阁奉祀理学家朱熹，因朱熹曾在庐山建白鹿洞讲学，因此这里也取名白鹿洞。白鹿洞中有一座后人雕刻的白鹿像，据说白鹿嘴中最初会吐出白米，惠及众多周边的穷苦人，有个贪心的贼人贪图白米，用铁凿把鹿嘴撬大。从此这只白鹿再也不吐米了，而每逢初一或十五，鹿嘴里就会吐出一团团烟雾，像在发泄心中的怒气，故称“白鹿

厦门天界寺

鸿山寺

鸿山寺始建于明朝万历年间，是厦门八景之一"鸿山织雨"所在地。每逢下雨，山峦起伏，层层叠叠的鸿山会将落下的雨滴反弹向四面八方，站在鸿山寺中向上望，雨丝有纵有横，交叉而落，如同织雨一样。现在的鸿山寺开辟了一间一千八百平方米的大讲堂弘扬佛法，成为现代化的寺院代表之一。

天界寺

天界寺原称醉仙岩，又名醴泉岩，俗称仙洞。在明代人倪冻的《醉仙岩记》中记载了这样一个故事：从前有个牧童在放牧的时候发现一个大洞。于是牧童将这里当作有神仙住着的仙洞，便在洞口点香奉祀。后来一个叫池显方的名士慕名而来，集资开凿岩洞。某日，突然在开凿的过程中发现洞内有泉水流淌出，一下味甘如醴，于是将山洞叫作"醴泉洞"。天界寺后有两块巨石，一块刻"天界"两字，以示"天仙"自界外降临。一块刻"仙岩"，因为其山势犹如仙人醉卧。现在的天界寺是厦门佛教重点开放寺院之一，游客众多。

观音寺

观音寺是厦门地区新中国成立以来创建的第一座大型寺院，位于湖里区仙岳山东麓。观音寺建成年代虽短，香火却很繁盛，因为观音寺有一座"万佛宝塔"，这座宝塔整座建筑十三层，连同塔刹通高七十八米，供养佛菩萨一万三千一百二十一尊，是厦门佛教第一塔。观音寺已成为厦门市第三大寺院。

厦门的寺庙太多，有故事的更多。如果去登日光岩，有座日光岩寺；去登狮山有间万石莲寺，有因挖宝而建的紫竹林寺，供奉准提佛母的准提寺，有古龙眼树的同安南洋报恩寺等。

另一种说法，鸿山寺建于南北朝时期。根据寺内挖出的石碑碑文"自南北朝崇奉观音大士地藏王菩萨，刹古佛灵，护国佑民，祷雨祈晴，靡不立应。"

雨中的鸿山寺

衔烟”，被列为厦门“小八景”之一。

鸿山寺

鸿山寺始建于明朝万历年间，是厦门八景之一“鸿山织雨”所在地。每逢下雨，山峦起伏，层层叠叠的鸿山会将落下的雨滴反弹向四面八方，站在鸿山寺中向上望，雨丝有纵有横，交叉而落，如同织雨一样。现在的鸿山寺开辟了一间1800平方米的大讲堂弘扬佛法，成为现代化的寺院代表之一。

天界寺

天界寺，原称醉仙岩，又名醴泉岩，俗称仙洞。在明代人倪涑的《醉仙岩记》中记载了这样一个故事：从前有个牧童，在放牧的时候发现一个大洞。于是牧童将这里当作有神仙住着的仙洞，在洞口点香奉祀。后来一个叫池显方的名士慕名而来，集资开凿岩洞。某日，在开凿的过程中突然发现洞内有泉水流淌，尝一下味甘如醴，于是将山洞叫作“醴泉洞”。天界寺后有两块巨石，一块刻“天界”两字，以示“天仙”自界外降临；一块刻“仙岩”，因为其山势犹如仙人醉卧。现在的天界寺是厦门重点开放的佛教寺院之一，游客众多。

观音寺

观音寺是厦门地区新中国成立以来创建的第一座大型寺院，位于湖里区仙岳山东麓。观音寺建成年代虽短，香火却很繁盛，因为寺中有一座“万佛宝塔”，这座宝塔有十三层，连同塔刹通高78米，拟供养佛菩萨11111尊，是厦门佛教第一塔。观音寺则已成为厦门市第三大寺院。

厦门的寺庙太多，有故事的更多。去登日光岩，有座日光岩寺；去登狮山，有间万石莲寺；还有因挖宝而建的紫竹林寺、供奉准提佛母的准提寺、有古龙眼树的同安南洋报恩寺等。

厦门公园大观

式景观奇特，吸引人们前来游玩。

白鹭洲公园

白鹭洲公园有一尊白鹭女神像和各种形态的白鹭雕塑，象征着厦门「鹭岛」的传说。公园广场中四百只从荷兰引进的广场鸽时而悠闲地低头啄食，时而振翅飞起，并不怕人。白鹭洲公园里的筼筜湖夜色是公园一景，从古景筼筜渔火演变而来，夜晚去看非常漂亮。

中山公园

如果老厦门人提议去逛公园而不特别指定哪一座，说的就

白鹭洲公园

厦门是国际有名的花园城市，生活在花园中的厦门人日子过得悠闲而从容，便有了更多时间逛公园。厦门的公园各有韵味，都有独一无二之处或历史悠久

是中山公园了。中山公园建于民国十六年，是厦门第一座公园。与全国多处名为「中山」的公园、道路一样，也是为了纪念孙中山先生而建。园内湖水接通花溪的溪水，由人工开挖通向大海，遵循的是商人们「一半是溪水一半是海水」的浪漫想法。公园的四座大门是一大特色，可以一观。

延平公园

鼓浪屿上的延平公园是人们为纪念郑成功而建，建成时还颇费了一番波折。民国

厦门公园大观

厦门是国际有名的花园城市，生活在“花园”中的厦门人日子过得悠闲而从容，便有了更多时间逛公园。厦门的公园各有韵味，都有独一无二之处，或历史悠久，或景观奇特，吸引人们前来游玩。

中山公园

如果老厦门人提议去逛公园，不特别指定哪一座，说的就是中山公园了。中山公园建于民国十六年，是厦门第一座公园，与全国多处名为“中山”的公园、道路一样，也是为了纪念孙中山先生而建。园内湖水接篸花溪的溪水，由人工开挖通向大海，遵循的是商人们“一半是溪水，一半是海水”的浪漫想法。公园的四座大门是一大特色，可以一观。

白鹭洲公园

白鹭洲公园有一尊白鹭女神像和各种形态的白鹭雕塑，象征着厦门“鹭岛”的传说。公园广场中400只从荷兰引进的广场鸽时而悠闲地低头啄食，时而振翅飞起，并不怕人。白鹭洲公园里的筼筜湖夜色是公园一景，从古景“筼筜渔火”演变而来，夜晚去看非常漂亮。

延平公园

鼓浪屿上的延平公园是人们为纪念郑成功而建的，建成时还颇费了一番波折。民国时期，一位叫黄仲训的富商在郑成功屯兵训练场所附近建起了一座“瞰青别墅”，他便将附近这块地也圈到自家花园里。原本这块地是规划来建公园的，因此这一行为激起了大家的愤慨，岛上众人组成“延平公园筹备会”，号召大家一起出力建设公园。迫于舆论压力，黄仲训最终将地皮捐出来，建了这座延平公园。

时期一位叫黄仲训的富商在郑成功屯兵训练场所附近建起了一座「瞰青别墅」，他便将附近这块地也围到自家花园里。原本这块地是规划来建公园的，这一行为激起了大家的愤慨，岛上人从人组成「延平公园筹备会」号召大家一起出力建设公园。迫于舆论压力黄仲训最终将地皮捐出来，建了这座延平公园。

观音山沙雕文化公园

观音山沙雕文化公园

厦门环岛路中段是观音山沙雕文化公园，它目前是全国乃至亚洲规模最大的沙雕公园。公园划分的五个区域各有特色：主题区拥有沙雕大师天马行空想象而留下的经典佳作，运气好的话可以在竞赛区看到现场的沙雕大赛，每年的四月这里还会举行全国沙滩排球锦标赛；家庭DIY区可以亲手尝试制作一个沙雕工艺品；文体活动区的特色「碗仔粿」值得一试；休闲配套区静静享受一段沙浴时光则非常惬意。沙滩上有几十座沙雕作品，有《哪吒闹海》、《龙女拜观音》等。

五缘湾湿地公园

厦门五缘湾湿地公园是厦门最大的公园，也是最大的湿地生态园区，它被称为厦门的「城市绿肺」。五缘湾湿地是鸟类的家园，每年都有大批白鹭在此筑巢、繁殖。五缘湾湿地公园最有特色的是占地广阔的防腐木迷宫，从高处看非常震撼。

五缘湾湿地公园

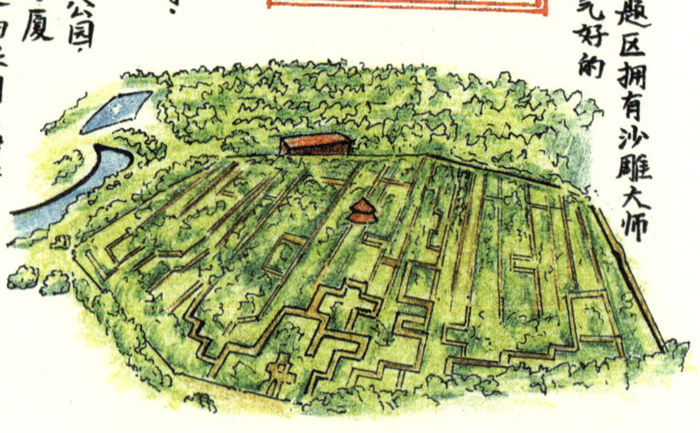

沙雕公园里的贝壳

厦门还有好多公园，都在静静等待着游客们去发现它们各自的美。

国家重点公园：园林博览苑、园林植物园、中山公园和白鹭洲公园。全市性公园：环筼筜湖带状公园、海湾公园、南湖公园、狐尾公园、仙岳公园、五缘湾湿地公园、忠仑公园、湖边水库公园。

萤火虫公园

文曾路怡情谷有一家萤火虫主题公园，是我国第一家萤火虫低碳环保节能教育基地。虽然萤火虫的生命周期只有七天，但公园人工养殖的萤火虫在这里不断繁衍，已有上万只。夜晚七点以后，公园对16岁以下儿童免费开放，但必须有大人陪同。有趣的是成年人单独去看萤火虫还进不去，在这里孩子的“面子”竟然比大人还足。夜晚的萤火虫公园点点光亮，一片璀璨，是城市里见不到的美景。

观音山沙雕文化公园

厦门环岛路中段是观音山沙雕文化公园，它目前是全国乃至亚洲规模最大的沙雕公园。公园划分的五个区域各有特色：主题区拥有沙雕大师凭天马行空想象而留下的经典佳作；在竞赛区运气好的话可以看到现场的沙雕大赛，每年的4月这里还会举行全国沙滩排球锦标赛；家庭DIY区可以亲手尝试制作一个沙雕工艺品；文体活动区的特色“碗仔果”值得一试；在休闲配套区静静享受一段沙浴时光则非常惬意。沙滩上有几十座沙雕作品，其中有不少在国际上获过奖，如顶级沙雕大师张氏兄弟的沙雕作品《哪吒闹海》《龙女拜观音》等。

五缘湾湿地公园

厦门五缘湾湿地公园是厦门最大的公园，也是最大的湿地生态园区，它被称为厦门的“城市绿肺”。五缘湾湿地是鸟类的家园，每年都有大批白鹭在此筑巢、繁殖。公园里最有特色的是占地广阔的防腐木迷宫，从高处看非常震撼。

厦门还有好多公园，都在静静等待着游客们去发现它们各自的美。

来厦门观海听故事

厦门是一座与海缘分很深的城市。从上空看厦门岛树木葱郁，四周海水或绿或蓝，海陆颜色交相辉映，色调清丽。让你不禁心动想去看海。等你来到海边，踏沙逐浪累了，坐在沙滩上听听这些沙滩海水的故事也是不错的。

一 曾经无人光顾的椰风寨海水浴场

椰风寨海水浴场

大概这里椰子树很多，海风最大，所以得名椰风寨吧。椰风寨沙滩的沙子细软，海浪迅猛，一波接一波，是个踏沙逐浪的好去处，但曾经这里无人问津。据说两岸对峙时期国民党经常从金门岛上往这发射炮弹，因此无人敢来椰风寨。

现在，椰风寨旁边还矗立着一国两制统一中国」的大型标语牌，字体巨大，颜色醒目，天气如果够好，在这个标语牌前还能看到对岸金门岛上的一些标语牌。

二 险些被炸的白城沙滩附近的礁石

白城沙滩在胡里山炮台西边，厦门大学南边，环岛路旁边。很多附近游人玩累了，都会跑到白城沙滩躺一躺，所以这里既是景点，又是个休息的好去处。

白城海城离岸边不远处有两块天然礁石。这两块礁石因为颇有个性的造型，经常出现在明信片中，也算白城沙滩一景。但是前不久出现要炸掉这两块礁石的声音。原来，这两块礁石所处的位置对附近的水

白城沙滩

来厦门，观海听故事

厦门是一座与海缘分很深的城市。从上空看，厦门岛树木葱郁，四周海水或绿或蓝，海陆颜色交相辉映，色调清丽，让你不禁心动，想去看海。等你来到海边，踏沙逐浪累了，坐在沙滩上，听听这些沙滩海水的故事，也是不错的。

一、曾经无人光顾的椰风寨海水浴场

大概这里椰子树很多，海风最大，所以得名椰风寨吧。椰风寨沙滩的沙子细软，海浪迅猛，一波接一波，是个踏沙逐浪的好去处，但曾经这里无人问津。据说两岸对峙时期，国民党经常从金门岛上往这发射炮弹，因此无人敢来椰风寨。

现在，椰风寨旁边还矗立着“一国两制，统一中国”的大型标语牌，字体巨大，颜色醒目。天气如果够好，在这个标语牌前还能看到对岸金门岛上的一些标语牌。

二、险些被炸的白城沙滩附近的礁石

白城沙滩在胡里山炮台西边，厦门大学南边，环岛路旁边。附近的游人玩累了，很多都会跑到白城沙滩躺一躺，所以这里既是景点，又是个休息的好去处。

白城海域离岸边不远处有两块天然礁石。这两块礁石因为颇有个性的造型，经常出现在明信片中，也算白城沙滩一景。但是前不久出现了要炸掉这两块礁石的声音。原来，这两块礁石所处的位置对附近水流产生了一定的影响，使得白城浴场水流复杂，形成地形环流，存在安全隐患。此声音一出，随即遭到了很多人反对。反对的人认为只要提示醒目，救援及时，礁石带来的危险

流产生了一定的影响，使得白城浴场水流复杂形成地形环流，存在安全隐患，此声一出，随即遭到了很多人反对，反对的人认为只要提示醒目救援及时礁石带来的危险就会消除，而且这两块礁石早已成为白城沙滩的一个标志，如果炸掉，白城沙滩的一大特色就没有了。最终礁石没炸，但如果去游玩要小心，不要被困在礁石上，也不要在不摸情况时在此游泳。

厦门海水浴场分布图

三、港仔后海水浴场有一片「金带水」

港仔后海水浴场就在鼓浪屿菽庄花园西边，十分好找。这里相对安静开阔，海水沙滩都不错，还能从很好的角度拍日光岩。

港仔后海水浴场的海面波光粼粼，在阳光的照射下，耀眼金色，又名金带水。据说宋元时，元军由浙入闽，对南逃的南宋皇帝赵昺穷追不舍。众人先是护送赵昺逃到鼓浪屿，随即又打算逃到广东去，谁料从鼓浪屿港仔后登船时刚走没多远，海上就起了风，巨浪滔天，船只颠簸不息，眼看小船就要被打翻，赵昺的金腰带滑入海中。龙王一见皇帝的金腰带，知道皇帝在海上，于是让风神停了风，海面顿时风平浪静，船只得以安然过海，这片海面也就被称为「金带水」。

其他厦门海水浴场
五缘湾
观音山
黄厝
海韵台
太阳湾
珍珠湾
观海园

四、大德记海水浴场

「大德记」名字源于英商德记洋行。据资料记载，英商德记洋行的高级管理人员曾在今皓月园内西侧建有公馆，人们就将这座公馆以及周边称为「大德记」，后来公馆倒塌，「大德记」这个名字却留了下来。

赵昺海上逃

就会消除。而且这两块礁石早已成为白城沙滩的一个标志，如果炸掉，白城沙滩的一大特色就没有了。最终礁石没炸，但如果去游玩要小心，不要被困在礁石上，也不要在不摸情况时在此游泳。

三、港仔后海水浴场有一片“金带水”

港仔后海水浴场就在鼓浪屿菽庄花园西边，十分好找。这里相对安静开阔，海水沙滩都不错，还能从很好的角度拍日光岩。

港仔后海水浴场的海面波光粼粼，在阳光的照射下，满眼金色，又名金带水。据说宋元时，元军由浙入闽，对南逃的南宋皇帝赵昺穷追不舍。众人先是护送赵昺逃到鼓浪屿，随即又打算逃到广东去。谁料从鼓浪屿港仔后登船时，刚走没多远，海上就起了风，巨浪滔天，船只颠簸不息。眼看小船就要被打翻，赵昺的金腰带滑入海中。龙王一见皇帝的金腰带，知道皇帝在海上，于是让风神停了风，海面顿时风平浪静，船只得以安然过海，这片海面也就被称为“金带水”。

四、大德记海水浴场

“大德记”名字源于英商德记洋行。据资料记载，英商德记洋行的高级管理人员曾在今皓月园内西侧建有公馆，人们就将这座公馆以及周边称为“大德记”。后来公馆倒塌，“大德记”这个名字却留了下来。

相片，以『把人看哭』为筛选标准

旧时代厦门

照相最早的时候称之为「留影」，人们将这一刻的影像留下，在未来提醒自己不要忘记：某年某月某日某时的某个地方曾是这个样子。照片对人们而言留下的不仅是影像，更是感情。洪卜仁教授的《厦门旧影》曾在整个厦门轰动一时，其中每一张照片都直击人心。据说，当年洪卜仁教授主编这本影集的时候，选择照片的标准就是「把人看哭」。据说洪教授最初创作这本书的时候，原本只想找一些厦门的老照片，配合怀念性的文字让人们不要忘记「旧时候的厦门」。然而在收集照片的时候，照片数量远远超过书籍原定的标准，如何筛选成了洪教授的难题。每一张照片都有特别的意义，有人建议按照「历史重要性」筛选，也有人说按照「时间筛选」，众说纷纭，却没有一个标准能说服洪教授。就在这时候，一位老同志拿起其中一张照片，说自己小时候曾在这里玩过，然后讲述了很多照片场景中的故事。这位老同志说着眼圈都红了，而在场的其他人也被深深地感染了。洪教授突然想到：照片拍的不是景，而是情，一张照片就像一个故事，把人看哭才是好照片。之后，洪教授将必要的照片留下，拿着剩下的照片随机找厦门当地的老人看，哪些照片能把人看哭，就选择哪些。

也许，这正是《厦门旧影》的魅力所在，一张照片一段往事，昔日重现时，人面已改，令人不胜惆怅。

谈论厦门旧影

洪卜仁的厦门情怀

对厦门之外的人而言，洪卜仁教授是个文史专家，但在厦门当地，洪教授的"受众率"极高。"厦门的活地图"、"厦门的活字典"都是他的外号，总而言之他就是"厦门通"。其相关的厦门作品有《厦门华侨志》、《厦门与香港》、《厦门旧影》、《厦门文化丛书》、《厦门文史丛书》、《厦门史地丛书》、《厦门名人故居》、《厦门电影百年》等。

相片，以“把人看哭”为筛选标准

照相，最早的时候称之为“留影”，人们将这一刻的影像留下，在未来提醒自己不要忘记：某年某月某日某时的某个地方，曾是这个样子。照片对人们而言留下的不仅是影像，更是感情。洪卜仁教授的《厦门旧影》曾在整个厦门轰动一时，其中每一张照片都直击人心，据说，当年洪卜仁教授主编这本影集的时候，选择照片的标准就是“把人看哭”。

洪教授最初创作这本书的时候，原本只想找一些厦门的老照片，配合怀念性的文字让人们不要忘记“旧时候的厦门”。然而在收集照片的时候，照片数量远远超过书籍原定的标准，如何筛选成了洪教授的难题。每一张照片都有特别的意义，有人建议按照“历史重要性”筛选，也有人说按照“时间筛选”，众说纷纭却没有一个标准能说服洪教授。就在这时候，一位老同志拿起其中一张照片，说自己小时候曾在这里玩过，然后讲述了很多照片场景中的故事，说着说着眼圈都红了，而在场的其他人也被深深地感染了。洪教授突然想到：照片拍的不是景，而是情，一张照片就像一个故事，把人看哭才是好照片。之后，他将必要的照片留下，拿着剩下的照片随机找厦门当地的老人看，哪些照片能把人看哭，就选择哪些。

也许，这正是《厦门旧影》的魅力所在：一张照片一段往事，昔日重现时，人面已改，令人不胜惆怅。

第四章 厦门物产

鞋袜上的珠绣史

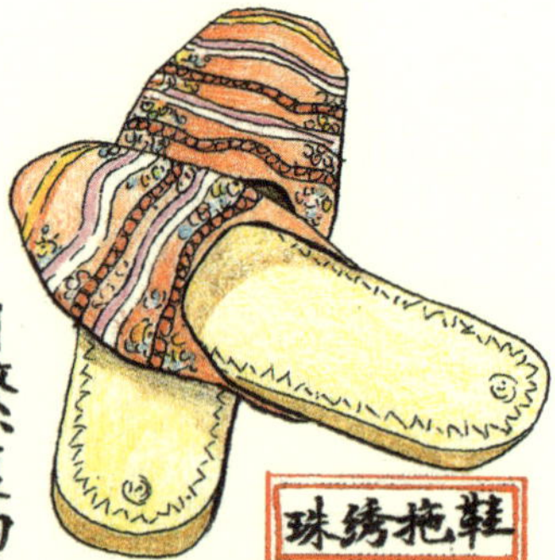

珠绣拖鞋

爱美之心人皆有，古人也是人，而且特别爱美。古代妇人发明了各式发髻、簪、钗、锦绣、披纱等，极尽爱美之能事。最早的珠绣也是美的产物，人们把琉璃珠、翠玉珠用繁复的工艺绣在鞋袜上将一双玉足衬托得华贵秀美。

珠绣工艺据说起源于唐朝，其实不然，在司马迁的《史记》里就有关于珠绣的记载，春秋时楚国春申君养了三千门客，这些人穿的都是「珠履」。在珠绣最流行的唐朝，贵族家里的夫人小姐都喜欢穿着镶缀珠子的鞋袜，来显示自己的高贵。唐朝风气开放，妇人不用「行不露足」「笑不露齿」，聚会之上常常比较谁的鞋子更漂亮，镶嵌的珠子更名贵。杨贵妃死在马嵬坡后有人在那里拾到了一只缀满珠子的锦袜，就此也引出了不少故事。

唐朝人李肇的《唐国史补》中有关于杨贵妃遗袜的故事："马嵬店媪收得锦袜一只，相传过客每一借玩，必须百钱，前后获利极多，媪因至富。"

明朝礼教严谨，「珠履」这种名贵事物便成了达官贵人收藏在私宅里的东西。奸相严嵩倒台后，他的儿子严世蕃的家产也全部被抄没，从中居然搜出了数百双男女珠履，甚至严宅的奴婢都有穿着珠履的。不过由此以后，珠绣渐渐淡出历史舞台，直到近百年间才再次复苏。

二十世纪二十年代，一些华侨从海外带回一些玻璃珠点缀的绣花拖鞋，厦门民间的制鞋艺人从这些拖鞋中发现了商机。他们托人从海外带回玻璃珠子，凑在一起研究如何在鞋面上绣花鸟图案，镶上珠子，提高鞋子的价值，就这样做出了厦门颇负盛名的「珠拖」。后来，厦门有了珠绣拖鞋厂，专门生产珠绣和珠拖鞋。由于珠绣样式别致，风格独特，很快远销海内外，成为厦门的一张城市名片。

制鞋匠

鞋袜上的珠绣史

爱美之心人皆有，古人也是人，而且特别爱美。古代妇人们发明了各式发髻、朱钗、锦绣、披纱等，极尽爱美之能事。最早的珠绣也是美的产物，人们把琉璃珠、翠玉珠用繁复的工艺绣在鞋袜上，将一双玉足衬托得华贵秀美。

有一说珠绣工艺起源于唐朝，其实不然，在司马迁的《史记》里就有关于珠绣的记载。春秋时楚国春申君养了三千门客，这些人穿的都是“珠履”。在珠绣最流行的唐朝，贵族家里的夫人小姐都喜欢穿着镶缀珠子的鞋袜，来显示自己的高贵。唐朝风气开放，妇人不用“行不露足，笑不露齿”，聚会之上常常比较谁的鞋子更漂亮，镶嵌的珠子更名贵。杨贵妃死在马嵬坡后，有人在那里拾到了一只缀满珠子的锦袜，就此也引出了不少故事。

明朝礼教严谨，“珠履”这种名贵事物便成了达官贵人收藏在私宅里的东西。奸相严嵩倒台后，他的儿子严东楼的家产也全部被抄没，从中居然搜出了数百双男女珠履，甚至严宅的奴婢都有穿着珠履的。不过，由此以后，珠绣渐渐淡出历史舞台，直到近百年才再次复苏。

20世纪20年代，一些华侨从海外带回一些玻璃珠点缀的绣花拖鞋，厦门民间的制鞋艺人从这些拖鞋中发现了商机。他们托人从海外带回玻璃珠子，凑在一起研究如何在鞋面上绣花鸟图案并镶上珠子，提高鞋子的价值，就这样做出了厦门颇负盛名的“珠拖”。后来，厦门有了珠绣拖鞋厂，专门生产珠绣和珠拖鞋。由于珠绣样式别致，风格独特，很快远销海内外，成为厦门的城市名片之一。

从『金木雕』到『漆线雕』

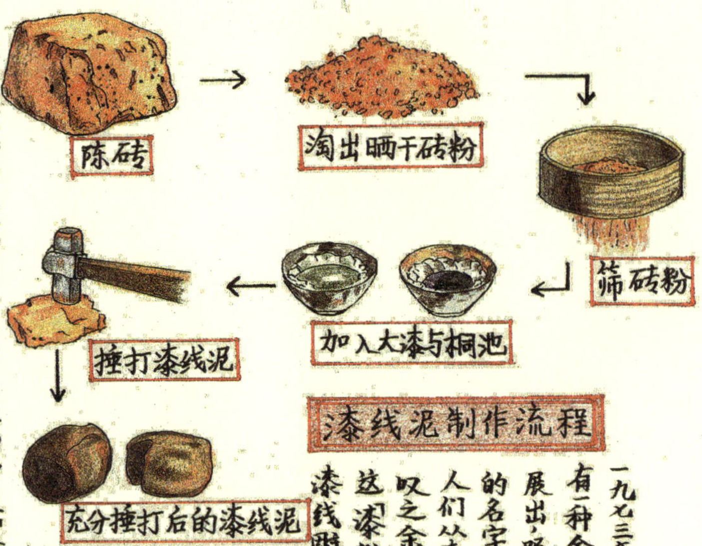

漆线泥制作流程

一九七三年，在广州进出口交易会上，有一种金光闪闪、造型别致的漆器展出，吸引了许多人驻足观赏。它的名字有点奇怪，叫「漆线雕」。人们从未见过这种工艺，纷纷赞叹之余便请作者蔡水况讲讲这「漆线雕」的来历。

漆线雕原本叫「金木雕」，也叫「妆佛」，这是一种用推漆和沥粉雕手法来装饰神像的工艺，起源于宋元时期，在清朝中期达到鼎盛。用这种技艺雕出的佛像金光璀璨，栩栩如生，远销海内外。一九〇五年，欧洲收藏家多年前在厦门口岸收购的一组「漆线装饰三神像」被印制成明信片公开发行，现在陈列在法国巴黎国立吉美亚洲艺术博物馆。两年后，一位叫坎贝尔·布朗的欧洲人在伦敦出版了一本名为《中国传说与故事》的书，书中便有一尊厦门「土地公」漆线雕，这都是漆线雕曾经留下的痕迹。

厦门漆线雕有今日的辉煌得益于两个人物——漆线雕手艺传人蔡水况和他的父亲蔡文沛。建国初期，蔡文沛为了复兴漆线雕技艺首次尝试用漆线雕自由创作历史人物，不再只雕刻神佛，并且打破了家族传承的限制，广收弟子，将家门绝技公开于世。蔡水况接过漆线雕手艺后，更是将漆线雕用在瓷瓶瓷盘上，雕出的「龙凤」图案华美绝伦，为漆线雕打开了另一片广阔的天空。

蔡水况的作品《还我河山》和《波罗洞悟空降妖》被中国工艺美术馆珍藏，而他和他父亲的漆线雕作品则获得了几十项金质、银质奖章。甚至在二〇〇六年，蔡氏漆线雕被联合国授予「突出手工艺品」证章。

蔡氏漆线雕个性化邮票：2011年3月18日，由北京邮票厂印制的"蔡氏漆线雕"个性化邮票发行，引起社会强烈反响，厦门中山路中国集邮专卖店出现少有的排队求购长龙。

蔡氏漆线雕主题邮票

从“金木雕”到“漆线雕”

1973年，在广州进出口交易会上，有一种金光闪闪、造型别致的漆器展出，吸引了许多人驻足观赏，它的名字有点奇怪，叫“漆线雕”。人们从未见过这种工艺，赞叹之余，纷纷请作者蔡水况讲讲这“漆线雕”的来历。

漆线雕原本叫“金木雕”，也叫“妆佛”，这是一种用堆漆和沥粉雕手法来装饰神像的工艺，起源于宋元时期，在清朝中期达到鼎盛，用这种技艺雕出的佛像金光璀璨，栩栩如生，远销海内外。1905年，欧洲收藏家多年前在厦门口岸收购的一组“漆线装饰三神像”（现陈列在法国巴黎吉美国立亚洲艺术博物馆）被印制成明信片公开发行。两年后，一位叫坎贝尔·布朗的欧洲人在伦敦出版了一本名为《中国传说与故事》的书，书中便有一尊厦门“土地公”漆线雕。这都是漆线雕曾经留下的痕迹。

厦门漆线雕有今日的辉煌得益于两个人物——漆线雕手艺传人蔡水况和他的父亲蔡文沛。建国初期，蔡文沛为了复兴漆线雕技艺，不再只雕刻神佛，而是首次尝试用漆线雕自由创作历史人物，并且打破了仅家族传承的限制，广收弟子，将家门绝技公开于世。蔡水况接过漆线雕手艺后，更是将漆线雕用在瓷瓶、瓷盘上，雕出的“龙凤”图案华美绝伦，为漆线雕打开了另一片广阔的天空。

蔡水况的作品《还我河山》和《波月洞悟空降妖》被中国工艺美术馆珍藏，他和他父亲的漆线雕作品获得了几十项金质、银质奖章。2006年，蔡氏漆线雕被联合国授予“突出手工艺品”证章。

镇风辟邪风狮爷

风狮爷挂件

中国厦门、金门、漳州、台湾、琉球乃至日本都有一种镇风辟邪的石兽—风狮爷。风狮爷由石狮子变形而来，却比石狮子高贵得多。古代人敬畏自然，他认为风、雨、雷电等自然现象都有神明在操控，比如风伯、水师，后来又发展到神兽操控，比如朱雀属火、玄武控水。而"云从龙，风从虎"的观念产生之后，能制服老虎的狮子便被认为也能克制风，因此被人们制作成雕像立在风口以镇风辟邪。

风狮爷的制作没有一成之规，尺寸可大可小，神态可慈可怒，可以放在村口，也可以安在屋顶上。厦门翔安区大嶝街道东蔡社村口海边立了一对一公一母的风狮爷，憨态可掬。思明区仁安社区设有专门的"石狮公庙"和"石狮公"神龛，这里的"石狮公"指的就是"风狮爷"。放在屋顶上的风狮爷被称为"瓦将军"，指的是狮背上骑有一名武士，弯弓拉箭，有人说狮背上的武士是由封神榜中的黄飞虎演变而来。还有独立在房顶上的，个头都比较小，形象上一般都是朝天嘶吼状。

屋顶风狮爷

琉球的风狮爷是由明朝内地移居琉球的闽人三十六姓带去的。据琉球史书《球阳》记载，尚贞王时代的东风平郡富盛村屡次遭受火灾，便有人提出在面向八濑岳的屋顶设置石狮子以防火，后来当地的士族都流行在屋顶设风狮爷。琉球国灭亡后，日本在琉球废藩置县，风狮爷的习俗才开始在民间流行起来。风狮爷在冲绳称"シーサー"，就是"狮子"的意思，已经成为冲绳的吉祥物。

配七星剑	斩妖除魔
配帅印	加官进爵
配元宝	招财进宝
配毛笔	学业有成
配葫芦	福禄双至
配太极	家宅平安

风狮爷的作用？

a. 祭煞 金门自古的天灾人祸不断，常传出有妖魔鬼怪作祟，居民认为设风狮爷能镇压厉鬼，防止妖魔作祟。

b. 镇风煞 设立时间已不可考。相传自清初金门居民就有设置辟邪物镇风止煞的情形，后来演变出狮子的造型。

村落风狮爷

镇风辟邪风狮爷

中国厦门、金门、漳州、台湾、琉球群岛乃至日本都有一种镇风辟邪的石兽——风狮爷。风狮爷由石狮子演化而来，却比石狮子高贵得多。古代人敬畏自然，他们认为风、雨、雷、电等自然现象都由神明操控，比如风伯、水师，后来又发展到由神兽操控，比如朱雀属火，玄武控水。而“云从龙，风从虎”的观念产生之后，能制服老虎的狮子便被认为也能克制风，因此被人们制作成雕像立在风口以镇风辟邪。

风狮爷的制作没有一成之规，尺寸可大可小，神态可慈可怒，可以放在村口，也可以安在屋顶上。厦门翔安区大嶝街道东蔡社村口海边立了一对一公一母的风狮爷，憨态可掬。思明区仁安社区设有专门的“石狮公庙”和“石狮公神龛”，这里的“石狮公”指的就是风狮爷。放在屋顶上的风狮爷多被称为“瓦将军”，狮背上骑有一名武士，弯弓拉箭，有人说这武士是由封神榜中的黄飞虎演变而来。还有独立在房顶上的风狮爷，个头都比较小，一般都呈朝天嘶吼状。

现在冲绳的风狮爷是由明朝内地移居琉球的闽人三十六姓带去的。据琉球史书《球阳》记载，尚贞王时代的东风平郡富盛村屡次遭受火灾，便有人提出在面向八濑岳的屋顶上设置石狮子以防火，后来当地的士族都流行在屋顶设风狮爷。琉球国灭亡后，日本在琉球废藩置县，设风狮爷的习俗才开始在民间流行起来。风狮爷在冲绳称“シーサー”（xisa），就是“狮子”的意思，已经成为冲绳的吉祥物。

让你舌尖生花的鼓浪屿小吃

叶氏麻糍

有时候仅仅是一种小吃就会让我们想念起一座城市。这些小吃可能没有门面，只是个流动的摊，甚至没有座位，只能站着狼吞虎咽。但它毕竟赋予一座城独有的韵味。鼓浪屿不仅是厦门美景的聚集地，也因众多特色小吃丰富了厦门味道，让人来一遭后忍不住再来几遭。

一、黄胜记肉松

你到鼓浪屿，随便走进一条小吃街，看到人群最拥挤的门面，那肯定是黄胜记肉松。

一八四二年，对烹调肉制食品研究数年，完全掌握了肉松制作方法后，黄满鸿的曾祖父在厦门龙头路开了黄胜记肉松店。黄胜记肉松店至今仍然延续传统的手工制作方法，将从鲜肉的采购到加工配料制成这段时间控制在十二小时之内，保证了肉干的新鲜和口感，成为鼓浪屿美食的经典款。别看黄胜记的门面都不大，一两个售货员和几货架的肉松就能让店面显得满满当当，但就是这么个小门面，生意却是最为火爆。只要你凑上前去，不管买不买，店员都会给你送上大块的肉脯肉松试吃，大方程度让你不敢相信。

二、叶氏麻糍

叶氏麻糍的经营者每天都会推上小推车到龙头路三岔口摆摊，据说这是岛上唯一可以占道经营的小摊。叶氏麻糍能这么牛气是有资本的，人家可是在这摆了快一百年的摊了！

叶氏麻糍的创始人叶成屋原本是福建安溪人，年少时就跟着长辈学做麻糍。一九三五年为了生计，他只身来到厦门，以卖麻糍为业。叶成屋认认真真地将那糯米饭放在大石臼里反复舂。将黑芝麻末、花生末、白砂糖粉按一定比例掺和成馅，然后用糯米团将馅料轻轻包裹，再滚上一层黑芝麻粉，麻糍就做好了。由于是纯手工操作，费事但做出的麻糍地道，前来购买的人络绎不绝，叶氏麻糍这个小摊成了鼓浪屿一景，所以有关部门特批叶氏麻糍在路边摆摊销售。

黄胜记肉松

让你舌尖生花的鼓浪屿小吃

有时候仅仅是一种小吃就会让我们想念起一座城市。既是小吃，可能没有门面，只是个流动的摊，甚至没有座位，只能站着狼吞虎咽，但却是这个城市独有的味道。鼓浪屿不仅是厦门美景的聚集地，也因众多特色小吃丰富了厦门味道，来此一遭后，就会忍不住多来几遭。

一、黄胜记肉松

你到鼓浪屿，随便走进一条小吃街，看到人群最拥挤的门面，那肯定是黄胜记肉松。

1842年，对烹调肉制食品研究数年、完全掌握了肉松制作方法后，黄满鸿的曾祖父在厦门龙头路开了黄胜记肉松店。黄胜记肉松店至今仍然延续传统的手工制作方法，将从鲜肉的采购到加工配料制成控制在12小时之内，保证了肉干的新鲜和口感，成为鼓浪屿美食的经典款。别看黄胜记的门面都不大，一两个售货员和几货架的肉松就能让店面显得满满当当，但就是这么个小门面，生意却异常火爆。只要你凑上前去，不管买不买，店员都会给你送上大块的肉脯肉松试吃，大方程度让人惊讶。

二、叶氏麻糍

叶氏麻糍的经营者每天都会推上小推车到龙头路三岔口摆摊，据说这是“岛上唯一可以占道经营的小摊”。叶氏麻糍能这么牛气是有资本的，人家可是在这摆了快一百年的摊了！

叶氏麻糍的创始人叶成屋，原本是福建安溪人，年少时就跟着长辈学做麻糍。1935年，为了生计，他只身来到厦门，以卖麻糍为业。叶成屋认认真真地将那糯米饭放在大石臼里反复舂，将黑芝麻末、花生末、白砂糖粉按一定比例掺和成馅，然后用糯米团将馅料轻轻包

馅饼

相传郑成功在领兵进攻被荷兰殖民者占领的台湾前，有个来自鼓浪屿的厨师为表心意，就给郑成功做了一个馅饼吃。郑成功品尝后觉得十分美味，就下令厨师给士兵们做。士兵们吃完这美味的馅饼，仿佛被注入满满能量，于是战斗力更强，最终赶走了荷兰殖民者。那神奇的馅饼也就广为流传，成为鼓浪屿上的名吃。

北方的馅饼内里多是肉类、蔬菜、海鲜及蛋，是咸的。而鼓浪屿馅饼则类似于北方的酥皮甜饼，是甜的。鼓浪屿的馅饼的制作精髓就隐藏在馅料、馅皮包制、烘烤四部分中。馅料是用绿豆和白糖搅拌而成，馅饼皮则是油、粉、水按传统工艺配比揉发制作。经过巧手人用面团巧妙地将馅料包裹、压平，再将火候调到最佳，细心烘烤，最后成就一个个甜润可口的鼓浪屿馅饼。

馅饼

鼓浪屿小吃街经常见到的食品			
张三疯奶茶	赵小姐的茶	马拉桑果汁	百香果
月亮虾饼	土笋冻	榴莲糕	炸酸奶
莲雾	芒果	菠萝蜜	红毛丹
螃蟹	鱿鱼	龙虾	牡蛎

林记木担鱼丸

林记木担鱼丸以前也没有门面，是一个叫林玉森的老人每日上挑着木担沿街叫卖。鼓浪屿人一听到汤勺敲打的声音，知道是林玉森来卖鱼丸了，就跑出门买他的鱼丸吃。老人的鱼丸之所以这么受欢迎，毫无例外，就在于好吃。而这个好吃秘诀并不是加了多少食品添加剂，而是林玉森坚持用最新鲜的原料，将鱼鱼肉的鲜香最大程度还原。传到第三代时，传承人卢木杰在龙头路五十六号上开了第一家分店号，林记木担鱼丸才结束了沿街叫卖的历史，有了自己的店面。

林记木担鱼丸

各地名小吃

城市	名小吃
北京	炸酱面、炒肝、驴打滚
天津	大麻花、狗不理包子、耳朵眼炸糕
上海	蟹壳黄、生煎馒头、小笼包
太原	头脑、灌肠、刀削面、猫耳朵
西安	锅盔、凉皮、臊子面、羊肉泡馍
武汉	热干面、米粑粑、锅贴饺
济南	煎饼、烧饼、油旋
广州	拉肠、叉烧包、云吞面

裹，再滚上一层黑芝麻粉，麻糍就做好了。由于是纯手工操作，比较费事，但做出的麻糍味道地道，前来购买的人络绎不绝。叶氏麻糍这个小摊成了鼓浪屿一景，所以有关部门特批叶氏麻糍在路边摆摊销售。

三、林记木担鱼丸

林记木担鱼丸以前也没有门面，只是一个叫林玉森的老人每日挑着木担沿街叫卖。鼓浪屿人一听到汤勺敲打的声音，知道是林玉森来卖鱼丸了，就跑出门买他的鱼丸吃。老人的鱼丸之所以这么受欢迎，就两个字：好吃。而这个好吃秘诀，可不是因为加了多少食品添加剂，而是林玉森坚持用最新鲜的原料，将鲨鱼肉的鲜香最大程度还原。传到第三代时，传承人卢杰在龙头路56号上开了第一家分店，林记木担鱼丸才结束了沿街叫卖的历史，有了自己的店面。

四、馅饼

相传郑成功在领兵进攻被荷兰殖民者占领的台湾岛前，有个来自鼓浪屿的厨师为表心意，就给郑成功做了一个馅饼吃。郑成功品尝后，觉得十分美味，就下令厨师给士兵们做。士兵们吃完这美味的馅饼，仿佛被注入满满的能量，战斗力暴增，最终赶走了荷兰殖民者。那神奇的馅饼也就被广为流传，成为鼓浪屿上的名吃。

北方的馅饼内馅里多是肉类、蔬菜、海鲜及蛋，是咸的。而鼓浪屿馅饼则类似于北方的酥皮甜饼，是甜的。鼓浪屿馅饼的制作精髓隐藏在馅料、馅皮、包制、烘烤四部分中。馅料用绿豆和白糖搅拌而成，馅饼皮则用油、面粉、水按传统工艺配比揉发制作。巧手人用面团巧妙地将馅料包裹、压平，再将火候调到最佳，细心烘烤，才成就出一个个甜润可口的鼓浪屿馅饼。

将小吃做到极致的那些名店

「跟你说，那家小店的东西，超好吃哦……」当人们受美食的诱惑光临一家店面之后，不免会满怀回味地向朋友推荐，久而久之，美食出名的同时，店面也跟着名声大作。可以说美食是店家灵魂。其实，如果一种美食四处漂泊难以被人们找到，恐怕也很难闯出名堂。幸运的是，在厦门不少堪称「美味到极致」的小吃，都有它们归属的名店，着实不能错过。

莲欢海蛎煎—大隐。身居小胡同，拥有破旧且毫无设计感的门脸，几张简易的桌子，就连老板都是走进人群里找不到的大众脸……但请你相信，这家店绝对有「大隐隐于市」的风采。根据当地媒体爆料，这家名店的「海蛎煎」之所以美味到极致，除了用料和老板的手艺之外，制作海蛎煎所用的大号平底锅已有十数年，油已浸进锅里，那味道可是生锅无法比拟的。

莲欢海蛎煎

黄则和花生汤—大承。花生汤是福建小吃的代表，而厦门传承近百年的黄则和花生汤更是其中的佼佼者。创始人黄则和在抗日战争胜利后来到厦门，起初挑担卖花生汤挣钱糊口，尤其花生汤甜而不腻，名气渐盛。一九五零年黄则和在中山路开店，以自己名字为店冠名。「文革」时期虽然店名几经更替，但人们早已习惯以「黄则和」称呼。后恢复原名一直沿用至今。黄则和员工以店为荣，由于中医里也称花生为「长生果」，所以据说不少店员都开始将花生汤喊作「长生汤」。

黄则和花生汤

乌糖沙茶面—大牌。乌糖沙茶面就是一家很牛的店，它非常大牌，因为营业时间只有上午，最迟也就午后一点多肯定打烊，有时候为吃一碗面要等一个小时，最后等了一小时还没吃到面的人也比比皆是。当然，这并不是老板故意要大牌，因为最早乌糖沙茶面是在海军部大门口边上，店面很小，一到下午太阳就照透了毯子，实在做不了生意。久而久之，乌糖也养成了只用新鲜不冰冻食材的习惯，所以午后不做生

乌糖沙茶面

将小吃做到极致的那些名店

“跟你说，那家小店的东西，超好吃哦……”

当人们受美食的诱惑光临一家店面之后，不免会满怀回味地向朋友推荐，久而久之，美食出名的同时，店面也跟着名声大噪。美食是店面的魂，但如果一种美食四处漂泊难以被人们找到，恐怕也很难闯出名堂。幸运的是，在厦门，不少堪称“美味到极致”的小吃，都有它们归属的名店，着实不能错过。

莲欢海蛎煎——大隐

身居小胡同，拥有破旧且毫无设计感的门脸，几张简易的桌子，就连老板都是走进人群里找不到的大众脸……但请你相信，这家店绝对有“大隐隐于市”的风采。根据当地媒体爆料，这家名店的“海蛎煎”之所以美味到极致，除了用料和老板的手艺之外，制作海蛎煎所用的大号平底锅功不可没。此锅已用了十数年，油已浸入锅里，那味道可是生锅无法比拟的。

黄则和花生汤——大承

花生汤是福建小吃的代表，而厦门传承近百年的黄则和花生汤更是其中的佼佼者。创始人黄则和在抗日战争胜利后来到厦门，起初挑担卖花生汤挣钱糊口，单其花生汤烂而不糊，名气渐盛。1950年黄则和在中山路开店，以自己名字为店冠名，虽然店名几经更替，但人们早已习惯以“黄则和”称呼，后恢复原名一直沿用至今。黄则和员工以店为荣，由于中医里也称花生为“长生果”，所以据说不少店员都开始将花生汤喊作“长生汤”。

乌糖沙茶面——大牌

乌糖沙茶面是一家很牛的店，它非常大牌，营业时间只有上午，最迟也就午后1点多打烊。有时候为吃一碗面要等一个小时，最后等了一小时还没吃到

其实是为了保证质量。

大同鸭肉粥

大同鸭肉粥—大同。大同鸭肉粥店在厦门分店众多，据说大同小学对面的店最受欢迎。无论什么时段，店里都人山人海，而且从几岁的小孩子到近百岁的阿婆都在其中。鸭肉粥的特点是「稀饭和配料分开卖」，根据自己手口好坏考虑加鸭胗还是牡蛎。在这里，如果你看到大人与小孩争食，千万不要大惊小怪，因为粥实在太好喝了！一碗粥将好多原料都放进去，有种「世界大同」的味道，不知「大同」二字是否源于此。

一九八零烧肉粽—大个。据说店是一九八零年所开，是十足的「八零后」，而这里的肉粽有两个特点：一是香，二是个大。先说「香」，据说都不需要记下店址，只要走进中山路，闻着肉香就能找得到。再说「个大」，一九八零的烧肉粽有「女孩一个，男孩两个，女汉子一个半」的说法。到店里点一个大肉粽，趁热剥开淋上酱汁，剩下的只有「满足」二字。古话说「方寸之中见天地」，厦门的小吃通常都在貌不惊人的小店里，而这些小店又多在不起眼的小街边，然而，小吃做到极致能抓住大胃口，小店做到极致也能给人大满足。

1. 粽叶：学名"箬叶"，生长于海拔1000多米地方，年年可采，季季可收。箬叶提取物富含粽叶多糖、粽叶黄酮，有机锌、硒、碘、钙、镁、铁、多种维生素和氨基酸。《本草纲目》中记载，粽叶具有清热止血、解毒消肿，治吐血等。

蜜枣　豆沙　香芋

2. 北方"甜粽"。多以大米、糯米为主要原料，其中配有水果、豆沙、蜜枣、香芋等，除此之外，也有部分地区吃"白粽"，然后以红糖搭配。

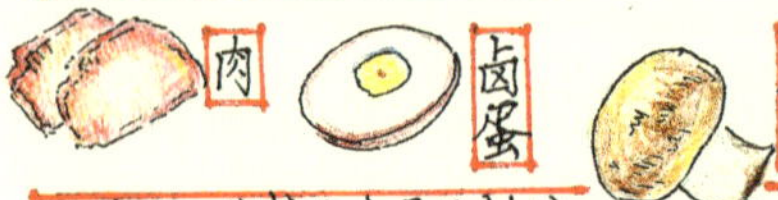

肉　卤蛋　香菇

3. 南方"咸粽"。主要原料依然是大米或糯米，但配料则多为肉、香菇、卤蛋等，口味偏咸，甚至犹如吃一道菜拌米饭，但同时吸取了粽叶的香味，别具一格。

朝代	春秋	东汉	晋代	唐代	宋代	元代	明代	清代	如今
粽子特点	菰叶包黍米、竹筒装米。	草木灰水浸黍米，有咸味。	添加中药材益智仁、红枣、赤豆。	白莹如玉。日本文献记载"大唐粽子"	以艾叶浸米裹之的"艾香粽"。	粽子包裹料已从菰叶变革为箬叶。	豆沙、松子仁、枣子、胡桃等辅料。	出现"火腿粽子"。	其中加入各种当地特产，增加丰富性。

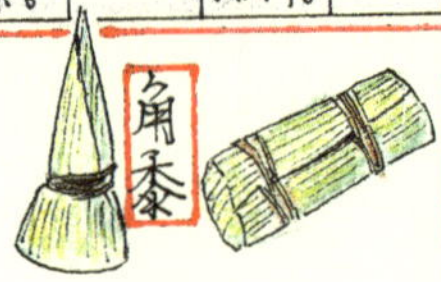

角黍　筒粽

4. 粽子，又称"角黍"、"筒粽"，早在春秋时期就出现筒粽。世界发现最早的粽子实物是在江西德安县宋代古墓出土。

1980烧肉粽

面的人也比比皆是。当然，这并不是老板故意要大牌，因为最早乌糖沙茶面是在海军部大门口边上，店面很小，一到下午太阳就照透了毯子，实在做不了生意。久而久之，乌糖也养成了只用新鲜不冰冻食材的习惯，所以午后不做生意，其实是为了保证质量。

大同鸭肉粥——大同

大同鸭肉粥店在厦门分店众多，据说大同小学对面的店最受欢迎。无论什么时段，店里都人山人海，而且从几岁的小孩子到近百岁的阿婆都在其中。鸭肉粥的特点是“稀饭和配料分开卖”，根据自己牙口好坏考虑加鸭脖还是牡蛎。在这里，如果你看到大人与小孩争食，千万不要大惊小怪，因为粥实在太好喝了！一碗粥，将好多原料都放进去，有种“世界大同”的味道，不知“大同”二字是否源于此。

1980烧肉粽——大个

据说店是1980年所开，是十足的“八零后”，而这里的肉粽有两个特点：一是香，二是个大。先说“香”，据说都不需要记下店址，只要走进中山路，闻着肉香就能找得到；再说“个大”，1980的烧肉粽有“女孩一个，男孩两个，女汉子一个半”的说法。到店里点一个大肉粽，趁热剥开淋上酱汁，剩下的只有“满足”二字。

古语说“方寸之中见天地”，厦门的小吃通常都在貌不惊人的小店里，而这些小店又多在不起眼的小街边。然而，小吃做到极致能抓住大胃口，小店做到极致也能给人大满足。

姥姥也能做的小吃

厦门是个神奇的地方，这里可以满足你对于美食的所有幻想。只有你想不到的食物，却没有你吃不到或者认为不好吃的东西。但不是所有美食都要到名店才能吃到，有的食物自家姥姥也能做得出来。

面线糊

第一道：面线糊

面线糊是一道从艰苦生活中产生的面食，所用的材料非常简单，只需要细面线和番薯粉，再放一些配料煮出来却绵糯好吃。据说面线糊的发明还与乾隆有关。乾隆下江南时路过一个叫做罗甲村的小村庄，一时心血来潮下轿来到一户秀才家里要吃顿饭。秀才的妻子为难于家里没有食材，只好把墙角一些啃剩的猪骨头和鱼刺，一些面线碎和一把木薯粉和在一起做了一碗面，没想到乾隆品尝后大加赞叹，还赐名「龙须珍珠粥」。现在可以在面线里放大肠、小肠、虾仁等配料，更加好吃。

虾面

清朝初年，闽南沿海渔民捕鱼时会捞上来很多虾子，卖不出去扔掉可惜，便用新鲜的虾子拌面吃，这就是虾子面的雏形。但是新鲜的虾子放不长久，很快就不新鲜了，渔民们就按照晒鱼干的方法，晒成虾干，做面的时候放到里面，味道依然鲜美。后来，发展到虾子混在面条中，烘干成面饼，想吃的时候直接用水泡泡，很适合家里食用。

虾面

土笋冻

土笋不是植物而是动物，是一种生长在沙滩中的星虫动物，当地人叫它「沙虫」。沙虫熬煮之后富含胶质，做成冻之后味美甘鲜。土笋冻的最早记载在清朝周亮工所著《闽小记》中，但它应该产生于明朝。一个说法是戚继光为解决士兵食物不足发明的，另一个说法与上一个差不多，只不过主人公换成了郑成功。

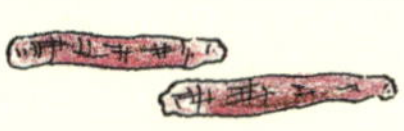

沙虫，属星虫动物门，学名可口革囊星虫。

闽南语歌曲《哇，土笋冻》："土笋冻呀土笋冻，最最好吃真正港（正宗），天脚（底）下，笼（全）都真稀罕，独独咱家乡出这项。"

土笋冻

姥姥也能做的小吃

厦门是个神奇的地方，这里可以满足你对于美食的所有幻想，只有你想不到的食物，没有你吃不到或者认为不好吃的东西。但不是所有美食都要到名店才能吃到，有的食物自家姥姥也能做得出来。

第一道：面线糊

面线糊是一道从艰苦生活中产生的面食，所用的材料非常简单，只需要细面线和番薯粉，再放一些配料，煮出来却绵糯好吃。据说面线糊的发明还与乾隆有关。乾隆下江南时路过一个叫罗甲村的小村庄，一时心血来潮，下轿来到一户秀才家里要吃顿饭。秀才的妻子为难于家里没有食材，只好把墙角一些啃剩的猪骨头和鱼刺、一些面线碎以及一把木薯粉和在一起做了一碗面，没想到乾隆品尝后大加赞叹，还赐名“龙须珍珠粥”。现在，可以在面线糊里放大肠、小肠、虾仁等配料，更加好吃。

第二道：虾面

清朝初年，闽南沿海渔民捕鱼时会捞上来很多虾子，卖不出去，扔掉可惜，便用新鲜的虾子拌面吃，这就是虾子面的雏形。但是新鲜的虾子放不长久，很快就不新鲜了，渔民们就按照晒鱼干的方法，晒成虾干，做面的时候放到里面，味道依然鲜美。后来，发展到将虾子混在面条之中，烘干成面饼，想吃的时候直接用水泡泡，很适合家里食用。

第三道：土笋冻

土笋不是植物，而是动物，是一种生长在沙滩中的星虫动物，当地人叫它“沙虫”。沙虫熬煮之后富含胶质，做成冻之后味美甘鲜。土笋冻的最早记载出现在清朝周亮工所著《闽小记》中，

第四道：炸五香

炸五香是一道香嫩酥脆的美食，但制作有点复杂，需要准备很多材料。早在二十世纪三四十年代，炸五香便在厦门崭露头角，由于它独特的风味，深受一些嗜酒之人的喜爱，是佐酒佳品。当时，厦门的「四孔井」和「三舍庙」等地都有摆设卤味摊，其中炸五香最受欢迎。

1.炸五香材料：
猪五花肉、豆腐皮、鸡蛋、扁鱼末、净荸荠、净葱、酸萝卜。
香菜调料：
辣椒酱、五香粉、白糖、精盐、味精、淀粉、花生油。

第五道：鱼皮花生

鱼皮花生是厦门的拳头产品，是很多吃过这种美食的人永远忘不掉的食物。一九七二年美国总统尼克松访华时，吃到了厦门的鱼皮花生，登时便眉开眼笑，马上询问身边的人这是什么哪里出产的，还表示回去后要在美国搞一条鱼皮花生生产线。鱼皮花生的制作与「鱼皮」有关，花生的外皮是用掺有鱼皮胶的糕粉做成的。但家里制作的鱼皮花生有点不一样，用面粉、白糖和鸡蛋制作，有兴趣的人可以自己试做看看。

第六道：同安封肉

同安封肉是厦门同安的传统名菜，是将整块的肉装在盆里，加上盖子入笼蒸熟，上桌才掀盖，故名「封肉」。猪肉色泽亮丽，肥而不腻，是当地人办喜事或建新房时摆宴席必做的一道菜。据说同安封肉是为纪念五代时期被敕封为「闽王」的王审知而创制的食品。王审知被封为「闽王」后，皇帝授其方形大印。同安百姓为祝贺闽王，举办了一场盛宴。席上一道佳肴，就是「封肉」，因为当时的猪肉是黄巾包裹的，形如大印，而「封」有「敕封」的意思，叫「封肉」再形象不过了。

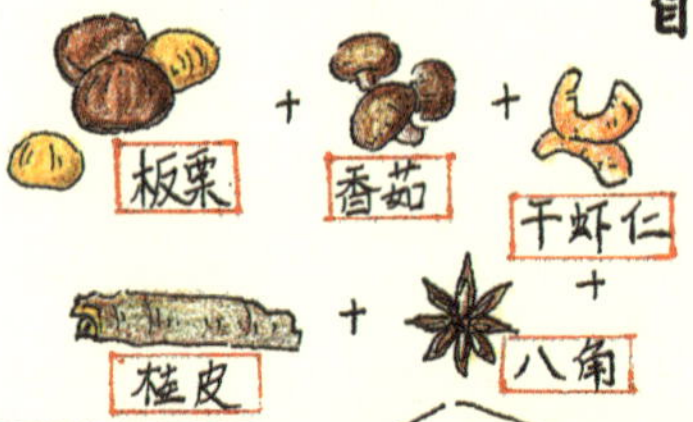

厦门的小吃成千上万，已经可以写成一部「小吃大全」了，而这成千上万种小吃中的口碑佼佼者，好比沙里淘金，必是顶级美味。吃客们不妨自己亲手尝试制作一下，学会后便可随时犒赏自己了。

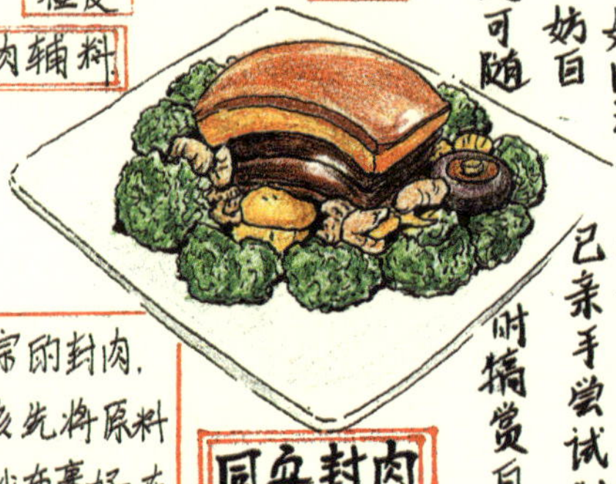

正宗的封肉，应该先将原料用纱布裹好，在碗里加上调料，尤其是蚝油

但它应该产生于明朝。一个说法是它是戚继光为解决士兵食物不足发明的，另一个说法与上一个差不多，只不过主人公换成了郑成功。

第四道：鱼皮花生

鱼皮花生是厦门的拳头产品，令很多吃过这道美食的人难忘。1972年，美国总统尼克松访华时，吃到了厦门的鱼皮花生，顿时便眉开眼笑，马上询问身边的人这是什么、哪里出产的，还表示回去后要在美国搞一条鱼皮花生生产线。鱼皮花生的制作与“鱼皮”有关，花生的外皮是用掺有鱼皮胶的糕粉做成的。但家里制作的鱼皮花生有点不一样，通常使用面粉、白糖和鸡蛋，有兴趣的人可以自己试做看看。

第五道：炸五香

炸五香是一道香嫩酥脆的美食，但制作起来有点复杂，需要准备很多材料。早在20世纪三四十年代，炸五香便在厦门崭露头角，由于它独特的风味，深受一些嗜酒之人的喜爱，是佐酒佳品。当时，厦门的“四孔井”和“二舍庙”等地都摆设卤味摊，其中炸五香最受欢迎。

第六道：同安封肉

同安封肉是厦门同安的传统名菜，是将整块肉装在盆里，加上盖子入笼蒸熟，上桌才掀盖，故名“封肉”。猪肉色泽亮丽、肥而不腻，是当地人办喜事或建新房时摆宴席必做的一道菜。据说同安封肉是为纪念五代时期被敕封为“闽王”的王审知而创制的食品。王审知被封为“闽王”后，皇帝授其方形大印。同安百姓为祝贺闽王，举办了一场盛宴。席上有一道佳肴，就是“封肉”。因为当时的猪肉是用黄巾包裹的，形如大印，而“封”有“敕封”的意思，叫“封肉”再形象不过了。

厦门的小吃成千上万，都可以写成一部“小吃大全”了，而这成千上万种小吃中的口碑佼佼者，好比沙里淘金，必是顶级美味。吃客们不妨亲手尝试制作一下，学会后便可随时犒赏自己了。

青津果和菩提丸，原来都是橄榄

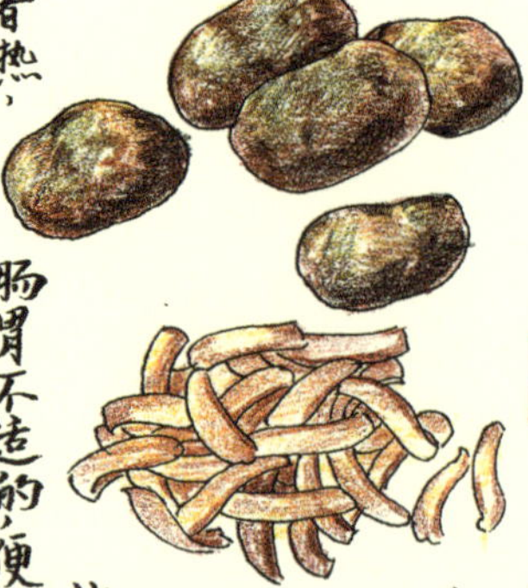

「一手金门炮弹刀，二手云深处菩提丸」，这是来福建旅游的人最想买回去的两样纪念品。厦门的菩提丸有三百年的历史，而「云深处」这个牌子也有一段故事。

清朝雍正年间，厦门虎溪岩东林寺有位菩提禅师，他见常来烧香拜佛的香客有偶感风寒、暑热、肠胃不适的，便遍查医书，结合早年与师父学习的医术研制出一种「药丸」。但它是药又不算药，原料是熟橄榄去皮腌制晒干后与砂仁、豆蔻、肉桂、沉香等二十多种名贵中药和糖水一起熬制，制好后的橄榄表面似发霉一般，但吃到嘴里却甘甜可口，口舌生津，还有增进食欲、止吐散滞、消除腹痛的功效。香客们起初不太敢尝试这卖相不好的「药丸子」，后来香客中终有人第一个试吃，别人这才敢吃，谁料想一吃就停不下来。后来苏铁生的后人便开店制售菩提丸，在为店铺起名的时候，有人想起菩提禅师最喜欢一位受他恩惠的香客为他写的一幅字，正是唐代诗人贾岛的《寻隐者不遇》：「松下问童子，言师采药去。只在此山中，云深不知处」，便以「云深处」为菩提丸命名，也暗指了这菩提丸来自云深处的那间寺庙。

由于菩提果口味偏重，有些不喜过咸的人便想找一种类似的食物。二十世纪三十年代，厦门有家怀德居药店便同样用橄榄制成橄榄碱作为成药出售，可惜药味浓厚，还是只有病人才买。数年后，一家叫颜家春蜜饯铺的商铺改良了这种橄榄碱，制成甘草蜜饯，取名「青津果」，厦门人叫「青果鼓」。从此，菩提丸和青津果都成为厦门特产。

橄榄是多种功用的"宝树"。橄榄果可以生吃，药用。
油橄榄树是希腊的国树。
油橄榄果可以冷榨橄榄油。
油橄榄枝是和平和胜利的象征，常与和平鸽用在一起。甚至在圣经中，"橄榄"一即"olive"出现的频数也超过200次。

青津果和菩提丸，原来都是橄榄

“一手金门炮弹刀，一手云深处菩提丸”，这是来福建旅游的人最想买回去的两样纪念品。厦门的菩提丸有三百年的历史，而“云深处”这个牌子也有一段故事。

清朝雍正年间，厦门虎溪岩东林寺有位菩提禅师，他见常来烧香拜佛的香客有偶感风寒暑热、肠胃不适的，便遍查医书，结合早年与师父学习的医术，研制出一种“药丸”。但它是药又不算药，原料是熟橄榄，去皮腌制晒干后与砂仁、豆蔻、肉桂、沉香等20多种名贵中药和糖水一起熬制，制好后的橄榄表面似发霉一般，但吃到嘴里却甘甜可口，口舌生津，还有增进食欲、止吐散滞、消除腹痛的功效。香客们起初不太敢尝试这卖相不好的“药丸子”，后来香客中终有人第一个试吃，别人这才敢吃，谁料想一吃就停不下来。后来苏铁生的后人便开店制售菩提丸，在为店铺起名的时候，有人想起菩提禅师最喜欢一位受他恩惠的香客为他写的一幅字，正是唐代诗人贾岛的《寻隐者不遇》：“松下问童子，言师采药去。只在此山中，云深不知处。”于是便以“云深处”为菩提丸命名，也暗指了这菩提丸来自云深处的那间寺庙。

由于菩提果口味偏重，有些不喜过咸的人便想找一种类似的食物。20世纪30年代，厦门有家怀德居药店便同样用橄榄制成橄榄碱作为成药出售，可惜药味浓厚，还是只有病人才买。数年后，一家叫颜家春的蜜饯铺改良了这种橄榄碱，制成甘草蜜饯，取名“青津果”，厦门人叫它“青果鼓”。从此，菩提丸和青津果都成为厦门特产。

孙中山酒后题字『松筠堂』

厦港料船头十六号，是厦门着名的「三堂药酒」之一「松筠堂」药酒创始人翁朝言的故居，厅堂上原有一块匾额书写「松筠堂」三个大字，落款为「孙文」。孙中山先生为「松筠堂」药酒题字，据说是酒后所为。

翁朝言本是清末武举人，甲午战争之后对腐朽无能的清政府失去信心，弃官到厦门弘扬五祖拳，同时开创「松筠堂药酒」。一九二三年，孙中山先生在广州召开同盟会会议，翁朝言也应邀参加，并随身带了自家的药酒。由于旅途劳顿又连日开会工作，孙中山先生身体旧疾发作，酸痛难耐且十分困乏。翁朝言听闻后，立即带着自己的药酒登门拜访，并劝孙中山尝试饮用这种药酒。孙中山喝了些许之后，顿时感觉神清气爽，好似一股暖流通达四肢百骸，惊奇之下就询问这药酒的渊源。翁朝言便道出自己乃是南少林五祖拳创派祖师蔡玉明表侄，而这种药酒正是改良于少林药酒，以高粱白酒为酒基，又加上各种中药，经翁朝言改良其中配方后，不仅适合练武之人，更适合普通人。孙中山听后甚是赞许，为嘉许翁朝言，随即铺开宣纸挥毫「松筠堂」三个字，并落款「孙文」。看来「松筠堂」三字虽是孙中山酒后所为，但绝不是醉意而行。

松筠堂药酒已传承百年，始终坚持着「制药为国，制药为民」的理念。台湾同胞对此酒更是珍爱异常，海峡两岸恢复往来后，许多台胞来厦回台时会带回松筠堂药酒作为馈赠亲友的礼品。

1、"松筠堂"名字出处.

翁朝言的养母原名郭松根，翁朝言为母尽孝道错过了数次武举考试。后来当翁朝言考中武举时，主考官得知此事，感其孝道，将其养母"郭松根"改名"郭松筠"（闽南话"根"与"筠"同音），并特地为其居所题字："松筠堂"。

2、三堂药酒，另外两家。

春生酒，万全堂与松筠堂的药酒并称"三堂药酒"，其名气不相上下。

孙中山酒后题字“松筠堂”

厦港料船头16号，是厦门著名的“三堂药酒”之一“松筠堂”药酒创始人翁朝言的故居，厅堂上原有一块匾额写有“松筠堂”三个大字，落款为“孙文”。孙中山先生为“松筠堂”药酒题字，据说是酒后所为。

翁朝言本是清末武举人，甲午战争之后对腐朽无能的清政府失去信心，弃官到厦门弘扬五祖拳，同时开创“松筠堂”药酒。1912年，孙中山先生在广州召开同盟会会议，翁朝言也应邀参加并随身带了自家的药酒。由于旅途劳顿又连日开会工作，孙中山先生旧疾发作，酸痛难耐且十分困乏。翁朝言听闻后，立即带着自己的药酒登门拜访，并劝孙中山尝试饮用这种药酒。孙中山喝了些许之后，顿时感觉神清气爽，好似一股暖流通达四肢百骸，惊奇之下就询问这一药酒的渊源。翁朝言便道出自己乃是南少林五祖拳创派祖师蔡玉明表侄，而这种药酒，正是改良于少林药酒，以高粱白酒为酒基，又加上各种中药，不仅适合练武之人，更适合普通人。孙中山听后甚是赞许，为嘉许翁朝言，随即铺开宣纸挥毫“松筠堂”三个字，并落款“孙文”。看来“松筠堂”三字虽是孙中山酒后所为，但绝不是醉意而行。

松筠堂药酒已传承百年，始终坚持“制药为国，制药为民”的理念。台湾同胞对此酒更是珍爱异常，海峡两岸恢复往来后，许多台胞来厦回台时会带回松筠堂药酒，作为馈赠亲友的礼品。

似鱼非鱼的文昌鱼

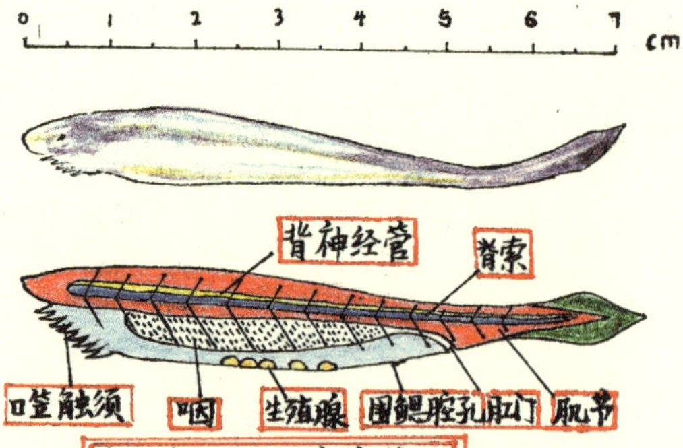

文昌鱼尺寸及其结构图

一九二三年，美国动物学家莱德在厦门海域发现了文昌鱼。但在他发现文昌鱼之前，当地人捕捞这种『鱼』已有数百年的历史。不过人们不知道这种像鱼的生物其实不是鱼，而是存在了五亿年之久的『活化石』——脊索动物。文昌鱼在生物学上的价值很高，但渔民们最关心的是，这种『鱼』能不能摆上餐桌，可不可以养殖？

莱德把发现文昌鱼的资料整理之后发到了美国的《科学》杂志上，引起了广泛关注，由于鱼的名字来自当地人信仰的『文昌帝君』，为了尊重传统，文昌鱼这个名字就约定俗成地沿袭了下来。不久后，世界上第一个，也是唯一一个文昌鱼的渔场在同安刘五店海域建成。最初，文昌鱼的产量非常高，仅一九三三年就达到282吨。因为产量高，当时厦门码头文昌鱼的价钱也就几毛钱一斤，稍加烹制，佐以小酒，滋味鲜美滑嫩。吃不完的文昌鱼还可以晒成鱼干以供长期保存。二十世纪五十年代，刘五店的文昌鱼捕捞形成规模，文昌鱼也慢慢变成了厦门的标志，甚至被称作市鱼。

好景不长，由于过度捕捞，又没有完备的人工养殖条件，加上厦门建设经济特区填海造陆，文昌鱼的生活环境遭到严重破坏，文昌鱼的产量越来越少，价格也因此飙升，每公斤鱼干的价格暴涨到5000元，而且还经常有价无市。一九八〇年，香港大学校长罗伯特教授来厦门访问讲学，当时的海洋研究所所长设宴款待他，第一道下酒菜就是文昌鱼干。罗伯特教授举着筷子半天没舍得夹，感叹道：『舍不得吃啊，一条文昌鱼要一美金呢！』

捕捞文昌鱼方法：厦门当地渔民捕捞文昌鱼的方法是"沙里淘鱼"。用一种特别的铁锄头，连沙带鱼捞起倒在木板上。

文昌帝君：
文昌帝君是民间信奉的掌管士人功名禄位之神，又称梓潼帝君。文昌是星名，亦称文昌星，或文星，古时认为是主持文运功名的星宿。文昌帝君的原型是张亚子，即抗击苻坚而死的蜀人张育。

捕捞文昌鱼

似鱼非鱼的文昌鱼

1923年，美国动物学家莱德在厦门海域发现了文昌鱼。但在他发现文昌鱼之前，当地人捕捞这种“鱼”已有数百年的历史。不过人们不知道这种像鱼的生物其实不是鱼，而是存在了五亿年之久的“活化石”——脊索动物。文昌鱼在生物学上的价值很高，但渔民们最关心的是，这种“鱼”能不能摆上餐桌，可不可以养殖?

莱德把发现文昌鱼的资料整理之后发到了美国的《科学》杂志上，引起了广泛关注，由于鱼的名字来自当地人信仰的“文昌帝君”，为了尊重传统，文昌鱼这个名字就约定俗成地沿袭了下来。不久后，世界上第一个，也是唯一一个文昌鱼渔场在发现文昌鱼的同安刘五店海域建成。最初，文昌鱼的产量非常高，仅1933年就达到282吨。因为产量高，当时厦门码头文昌鱼的价格也就几毛钱一斤，稍加烹制，佐以小酒，滋味鲜美滑嫩。吃不完的文昌鱼还可以晒成鱼干以供长期保存。20世纪50年代，刘五店的文昌鱼捕捞形成规模，文昌鱼也慢慢变成了厦门的标志，甚至被称作市鱼。

好景不长，由于过度捕捞，又没有完备的人工养殖条件，加上厦门建设经济特区填海造陆，文昌鱼的生活环境遭到严重破坏，文昌鱼的产量越来越少，价格也因此飙升，每公斤鱼干的价格暴涨到5000元，而且还经常有价无市。1980年，香港大学校长罗伯特教授来厦门访问讲学，当时的海洋研究所所长设宴款待他，第一道下酒菜就是文昌鱼干。罗伯特教授举着筷子半天没舍得夹，感叹道：“舍不得吃啊，一条文昌鱼要一美金呢！”

山沟沟里飞出了一个银鹭集团

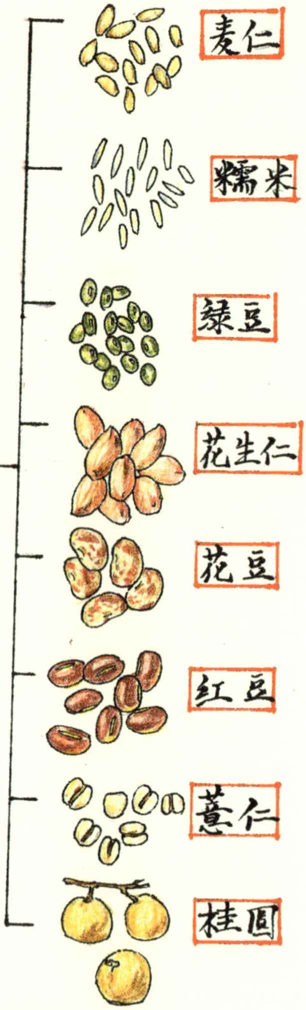

不知道从什么时候起，喜欢喝的饮料里挤进了银鹭花生牛奶。它比碳酸饮料健康，比果汁饮料营养，于是关注起了「银鹭」这个品牌，翻过饮料瓶身见背面写着产地：福建省厦门市银鹭高科技园区」，这才恍然大悟，原来银鹭居然是厦门的本土品牌。

厦门市翔安区马塘村原本是个贫穷封闭的小山村，一九八五年，村里历史上的第一个高中毕业生陈清渊回到故乡与村里合作，利用当地的水果优势开办了一家村办企业——同安县新圩兴华罐头厂，这就是银鹭集团的前身。后来银鹭开始做八宝粥、花生牛奶，一直做到成为今天占据全国罐头市场百分之六十份额的大品牌。在这三十三年里，银鹭从一家小小的村办企业发展成为每年为厦门缴纳亿元税收的重点企业。

二零零五年，银鹭找来专业广告公司为银鹭花生牛奶量身设计，经过几次修改意见，将银鹭花生牛奶定位为「运动饮料」。这则广告主打银鹭「白里透红」的营养效果，广告大获成功。

对于马塘村来说，银鹭的发展壮大将马塘村从「瘦马塘」变成「富马塘」。厦门的山沟沟由于飞出了一个银鹭而走上了康庄大道。

腊八粥和八宝粥的区别：只要够八种原料就可以叫八宝粥，而腊八粥里必须有大小黄米粥，且必须黏稠。

山沟沟里飞出了一个银鹭集团

不知道从什么时候起，喜欢喝的饮料里挤进了银鹭花生牛奶，它比碳酸饮料健康，比果汁饮料营养。于是关注起了“银鹭”这个品牌。翻过饮料瓶身，见背面写着“产地：福建省厦门市银鹭高科技园区”，这才恍然大悟，原来银鹭居然是厦门的本土品牌。

厦门市翔安区马塘村原本是个贫穷封闭的小山村，1985年，村里历史上的第一个高中毕业生陈清渊回到故乡与村里合作，利用当地的水果优势开办了一家村办企业——同安县新圩兴华罐头厂，这就是银鹭集团的前身。后来银鹭开始做八宝粥、花生牛奶，一直做到成为今天占据全国罐头市场60%份额的大品牌。在这三十年里，银鹭从一家小小的村办企业发展成为每年为厦门缴纳亿元税收的重点企业。

2005年，银鹭找来专业广告公司为银鹭花生牛奶量身设计，经过几次修改，将银鹭花生牛奶定位为“运动饮料”。这则广告主打银鹭“白里透红”的营养效果，因此，广告大获成功。

对于马塘村来说，银鹭的发展壮大将马塘村从“瘦马塘”变成“富马塘”，厦门的山沟沟由于飞出了一个银鹭而走上了康庄大道。

全球五分之一的马桶盖来自厦门

厦门除了是旅游城市花园城市，还有个「全球卫浴产业隐形冠军」的称号。这是文雅的说法，事实上全球有五分之一的马桶盖都产自厦门，甚至目前国际排名前二十的知名马桶盖品牌，有百分之八十都在厦门放单生产过。厦门生产马桶盖的能力在中国可以排在首位，可惜知名度却不高，想必因为仅是「中国制造」而无品牌。

二零一五年初，吴晓波一篇《去日本买只马桶盖》的文章引起了全民关于消费品和中国制造的大讨论。其实事情很简单，有些内地游客在日本旅游的时候买了高级的智能马桶盖到了家一拆包装，仔细阅读说明书才发现原来是中国制造。但是马桶盖的附加成本，关税等费用使马桶盖的价格翻了几倍，这些都要买家来承担了。格力空调董事长董明珠还曾碰到过这样的事情：她的客户要求

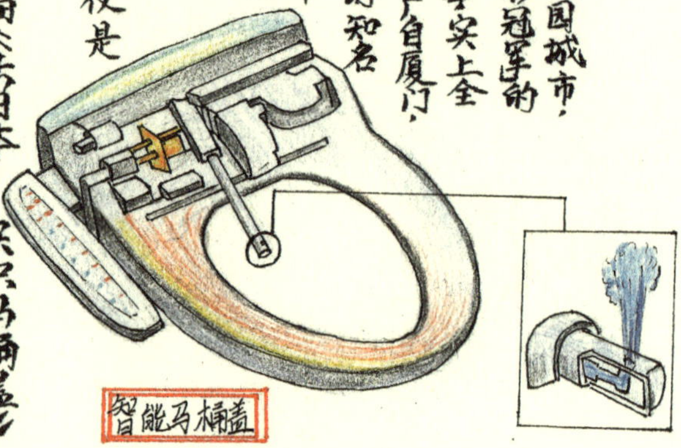

智能马桶盖

她不要在空调上印「中国制造」而印「泰国制造」，董明珠一气之下一台空调都不肯卖给对方了。

厦门卫浴界为改变这种「中国制造」尴尬的现状，十六家卫浴企业联合发起了一个「时代天马计划」，准备合力投入一亿元将厦门公共场所的马桶盖全部换成智能马桶盖，令厦门变成「智能马桶盖体验之都」。这个想法虽然有点不太现实，但仔细想一想，明明是我家费力生产的智能马桶盖，凭啥你贴个标签后，买的人都夸你们脑袋聪明，会做生意？

以后来厦门别忘了体验一下公厕的马桶盖，这是只有厦门才有底气配的智能马桶盖。当马桶盖成为厦门的一个城市标签之时中国制造也能扬眉吐气了。

公共厕所

全球五分之一的马桶盖来自厦门

厦门除了是旅游城市、花园城市，还有个“全球卫浴产业隐形冠军”的称号。这是文雅的说法，事实上全球有五分之一的马桶盖都产自厦门，甚至目前国际排名前二十的知名马桶盖品牌，有80%都在厦门放单生产过。厦门生产马桶盖的能力在中国可以排在首位，可惜知名度却不高，想必是因为仅是“中国制造”而无品牌。

2015年初，吴晓波一篇《去日本买只马桶盖》的文章引起了全民关于消费品和中国制造的大讨论。其实事情很简单，有些内地游客在日本旅游的时候买了高级的智能马桶盖，到了家一拆包装，仔细阅读说明书才发现原来是中国制造。但是马桶盖的附加成本、关税等费用使马桶盖的价格翻了几倍，这些都要买家来承担。格力空调董事长董明珠还曾碰到过这样的事情：她的客户要求她不要在空调上印“中国制造”而印“泰国制造”，董明珠一气之下一台空调都不肯卖给对方了。

厦门卫浴界为改变这种“中国制造”尴尬的现状，16家卫浴企业联合发起了一个“时代天马计划”，准备合力投入一亿元将厦门公共场所的马桶盖全部换成智能马桶盖，令厦门变成“智能（马桶）盖板体验之都”。这个想法虽然有点不太现实，但仔细想一想，明明是我家费心费力生产的智能马桶盖，凭啥你贴个标签后，买的人都夸你们质量好？

以后来厦门别忘了体验一下公厕的马桶盖，这是只有厦门才有底气配的智能马桶盖。当马桶盖成为厦门的一个城市标签之时，中国制造也能扬眉吐气了。

打马字与厦门话

厦门话是闽南语的代表音，学会了厦门话，走遍福建都不怕，甚至跨海峡到台湾也能无障碍与当地人交流。但厦门话的形成也经历了漫长的过程，其中有位叫「打马字」的美国牧师作出了很大的贡献。

清朝末年，西方传教士大量涌入中国传播基督教义，但语言不通成为传教的最大难题。来到厦门传教的打马字也碰到了语言不通的问题，他发现当地流行的闽南语与朝廷官话区别很大，即使是官派翻译，会说闽南语的也少之又少，他便想寻求当地精通闽南语的老乡帮助。某次打马字发现厦门局口街一位杨老先生的闽南话说得很地道，又了解民间语言，懂很多闽南方言词汇，就请他参与编辑白话字字典。不料当地一些地痞流氓听说了杨老头家常有洋人出现，以为他家里发了大财，就做起了敲诈勒索的勾当。这事情传到了打马字牧师的耳中，气得他拍案而起，马上找到了当地的领事馆，愤怒地要求清政府制裁恶霸。后来，这一事件被记录在《中美往来照会集》中。

一八五二年，打马字与新街堂几位牧师一起编撰的《唐话番字初学》出版，这是一本闽南语拉丁字母的正字法学习教材。后来，打马字又编纂了一部《厦门音字典》，成为学习厦门话的必读书籍。

打马字在厦门传教四十余年，他和两任妻子两个女儿为传播厦门白话，开办了田尾女学堂（当地第一所女子学校，一九一零年改名毓德女校）、养元小学等普及教育。一八九零年，打马字退休回到美国，出发前，他们一家拍了一张全家福，虽是外国人，照片中不知怎的流露出了厦门人才有的味道。

普通话:厦门话
我:瓦
你:汝/力

打马字全家福

打马字与厦门话

厦门话是闽南语的代表音，学会了厦门话，走遍福建都不怕，甚至跨海峡到台湾也能无障碍与当地人交流。但厦门话的形成也经历了漫长的过程，其中有位叫“打马字”的美国牧师作出了很大的贡献。

清朝末年，西方传教士大量涌入中国传播基督教义，但语言不通成为传教的最大难题。来到厦门传教的打马字也碰到了语言不通的问题，他发现当地流行的闽南语与朝廷官话区别很大，即使是官派翻译，会说闽南语的也少之又少，便想寻求当地精通闽南语的老乡帮助。某次，打马字发现厦门局口街一位杨老先生的闽南话说得很地道，又了解民间语言，懂很多闽南方言词汇，就请他参与编辑白话字字典。不料当地一些地痞流氓听说了杨老头家常有洋人出现，以为他家里发了大财，就做起了敲诈勒索的勾当。这事情传到了打马字牧师的耳中，气得他拍案而起，马上找到了当地领事馆，愤怒地要求清政府制裁恶霸。后来，这一事件被记录在《中美往来照会集》中。

1852年，打马字与新街堂几位牧师一起编撰的《唐话番字初学》出版，这是一本闽南语拉丁字母的正字法学习教材。后来，打马字又编纂了一部《厦门音字典》，成为学习厦门话的必读书籍。

打马字在厦门传教四十余年，他和两任妻子、两个女儿为传播厦门白话，开办了田尾女学堂（当地第一所女子学校，1910年改名毓德女校）、养元小学等，普及教育。1890年，打马字退休回到美国，出发前，他们一家拍了一张全家福，虽是外国人，照片中却不知怎的流露出了厦门人才有的味道。

第五章 厦门情趣

厦门『茶米』与『斗茶』

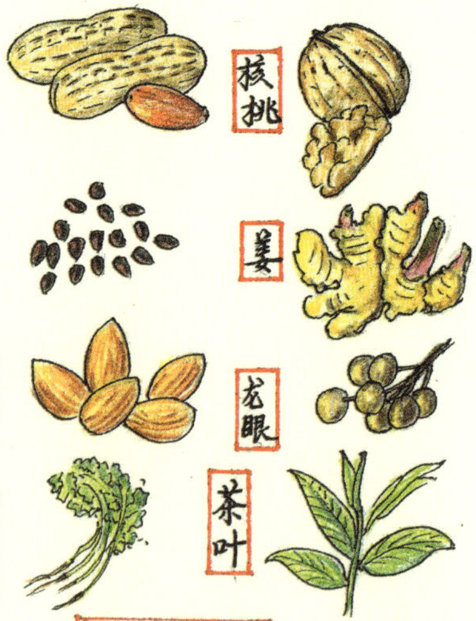

菜粥的原料

厦门人爱茶尤爱安溪铁观音，乌龙茶次之，不太爱喝茉莉花茶。在这里，茶叶被叫作『茶米』，饮茶也叫『吃茶』，把茶和米饭相提并论可见厦门人爱茶之深。

厦门人的一天是这样开始的。早起便去烧水准备清洗茶具，这里的清洗，是将茶壶茶杯在滚水里烫烫，茶具上的茶渍却是无论如何不敢洗掉的，那些都是宝贝，如果茶具上积了厚厚的茶渍可能还会成为传家宝，只有贵客上门主人才舍得取出来招待。洗净茶壶便要吃早茶，否则一天都没精神。

饮茶用的器具有人喜欢用『小种罐』也有人喜欢用『小掌』，小种罐是因为冲泡的是抗战前便很有名的『杨文圃茶行』的名茶『小种泡』，小掌则是小巧的红色宜兴陶壶，冲出来的茶叫『小掌茶』。饮茶有二十几道茶艺，如何操作茶具，如何冲泡，如何斟茶都有讲究，普通人家饮茶也知道『头遍脚渍，二遍茶叶』的说法，意思是第一泡要倒掉，这是以前制茶时『走脚球』留下的习俗。饮茶如饮酒也不可过量，否则会出现『茶醉』，要准备花生糕、贡糖、蜜饯等小食佐茶。

如果办婚礼请客人喝甜茶，客人要说『吃甜甜，生后生（男孩）』，然后一口把茶水饮尽，再说一句『饮搭搭（干干净净），生男胞』。有趣的是，现在有人改成『饮搭搭，生科学家』风趣幽默，又有意趣。

厦门有斗茶会，比的是茶叶优劣，茶香绵长，不过，茶香氤氲中，『斗』的气氛不浓，倒是难得的品茶良机。

新鲜茶叶

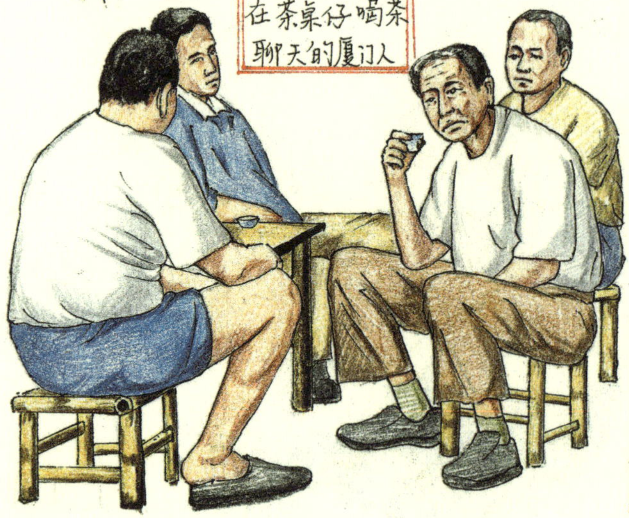
在茶桌仔喝茶聊天的厦门人

茶桌仔：也叫"茶桌子"是老厦门小巷小店面开的小茶摊，起源于清末民初。"茶桌仔"也是"讲古场"，厦门人喜欢"啉茶话仙"，一边喝酱油茶（安溪铁观音昵称），一边听老人"讲古仙"。

茶艺表演十道工序：茶请上座、孟臣沐霖、乌龙入宫、悬壶高冲、春风拂面、重洗仙颜、若琛出浴、玉液回壶、关公巡城、请品岩茶。

厦门“茶米”与“斗茶”

厦门人爱茶，尤爱安溪铁观音，其他乌龙茶次之，不太爱喝茉莉花茶。在这里，茶叶被叫作“茶米”，饮茶也叫“吃茶”，把茶和米饭相提并论，可见厦门人爱茶之深。

厦门人的一天是这样开始的。早起便去烧水准备清洗茶具，这里的清洗只是将茶壶茶杯在滚水里烫烫，茶具上的茶渍却是无论如何不敢洗掉的，那些都是宝贝，如果茶具上积了厚厚的茶渍可能还会成为传家宝，只有贵客上门主人才舍得取出来招待。洗净茶壶便要吃早茶，否则一天都没精神。

饮茶用的器具，有人喜欢用“小种罐”，也有人喜欢用“小掌”。小种罐因为“杨文圃茶行”的名茶“小种泡”而得名；小掌则是小巧的红色宜兴陶壶，冲出来的茶叫“小掌茶”。饮茶有27道茶艺，如何操作茶具、如何冲泡、如何斟茶都有讲究。普通人家饮茶也知道“头遍脚渍，二遍茶叶”的说法，意思是第一泡要倒掉，这是以前制茶时“走脚球”留下的习俗。饮茶如饮酒，也不可过量，否则会出现“茶醉”，还要准备花生糕、贡糖、蜜饯等小食佐茶。

如果办婚礼请客人喝甜茶，客人要说“吃甜甜，生后生（男孩）”，然后一口把茶水饮尽，再说一句“饮搭搭（干干净净），生男胞”。有趣的是，现在有人改成“饮搭搭，生科学家”。风趣幽默，又有意趣。

厦门有“斗茶会”，比的是茶叶优劣、茶香绵长，不过，茶香氤氲中，“斗”的气氛不浓，倒是成了难得的品茶会。

孕妇还是产妇，先干一杯再说

身怀六甲不能触碰烟酒这几乎是常识，女人坐月子需要养身体更要远离烟酒也属于「地球人都知道」的事。然而在厦门，产妇喝酒竟是一种习俗，而且据说更早的时候孕妇也得喝酒才能安胎和顺产。

民国时期，沙坡尾附近的一个穷苦人家，妻子怀孕已经有九个月了，大夫给妻子把脉时说胎相不稳，恐怕很难保住。丈夫虽然心疼妻子和胎儿，但确实没钱去大医院，只能一边祈求神灵，一边让大夫开安胎药。孕妇的口味总是多变，当妻子说想吃糯米粥的时候，丈夫并没有太过在意，糯米也不是太金贵的东西，所以丈夫一熬就是一大锅。数日内丈夫在外做工，妻子就自己热糯米粥吃，感觉粥太厚就加凉水，感觉粥凉再加热。几天下来，还是最早的那锅粥，只不过一来二去又热又搁就变味了。然而妻子也知道家中拮据，舍不得扔，就把剩下的粥都喝了。再请大夫到家诊脉时，大夫在妻子嘴里闻到了酒味，一边责怪两口子「明知道胎相不稳，还让孕妇喝酒」一边把脉，却惊奇地发现胎相稳妥了很多。丈夫还担心地问「娃是不是醉了」，大夫几经推敲，才断定是糯米粥变质成酒糟，但没想到有安胎的作用。就这样妻子一直吃着糯米酒糟，不但顺产，而且坐月子继续吃，身体还调养得很好。

如今厦门，孕妇喝糯米酒还是少数，但产妇坐月子喝糯米酒绝不稀奇，一个月子喝一二十瓶都是很普通的事。遇到厦门本地酒量好的人，完全可以开玩笑问其是不是在娘胎里就开始喝酒了！

1. 玫瑰鲜花酒，云南特产，香浓玫瑰味有"酒中香水"之称，是众多女士的最爱。
2. 浪漫情人山楂酒，青岛特产，酸甜可口，有开胃，助消化的功效。
3. 依蓝野生蓝莓女士酒，产自大兴安岭新林，12度甜酒，非常美味。
4. 千贺寿梅酒，产自日本，清香怡人，口感细腻。

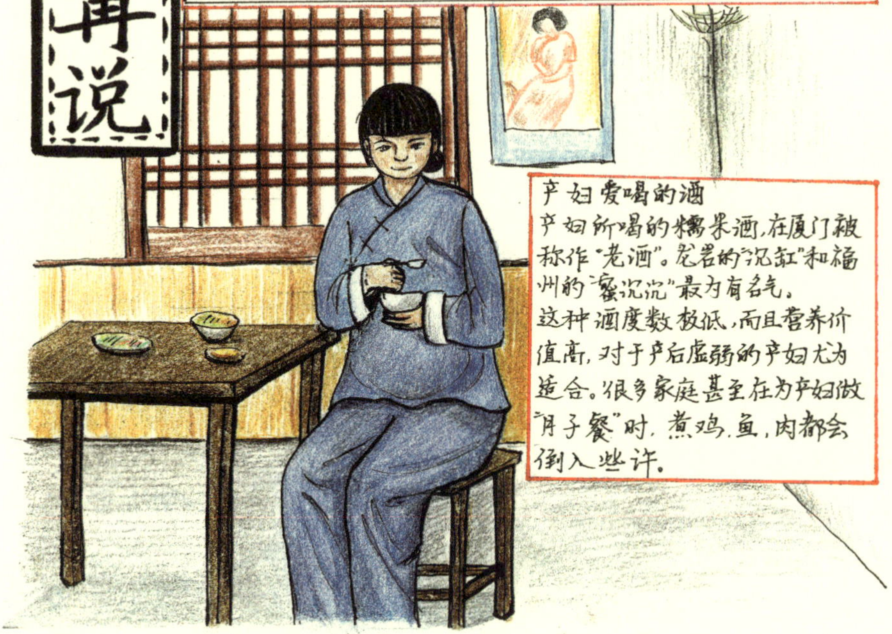

产妇爱喝的酒

产妇所喝的糯米酒，在厦门被称作"老酒"。龙岩的"沉缸"和福州的"蜜沉沉"最为有名气。
这种酒度数极低，而且营养价值高，对于产后虚弱的产妇尤为适合。很多家庭甚至在为产妇做"月子餐"时，煮鸡，鱼，肉都会倒入些许。

孕妇还是产妇，先干一杯再说

身怀六甲不能触碰烟酒，这几乎是常识，女人坐月子需要养身体，更要远离烟酒，也属于“地球人都知道”的事。然而在厦门，产妇喝酒竟是一种习俗，而且据说更早的时候孕妇也得喝酒才能安胎和顺产。

民国时期，沙坡尾附近的一个穷苦人家，妻子怀孕已经有七个月了。大夫给妻子把脉时说胎相不稳，恐怕很难保住。丈夫虽然心疼妻子和胎儿，但确实没钱去大医院，只能一边祈求神灵，一边让大夫开安胎药。孕妇的口味总是多变，当妻子说想吃糯米粥的时候，丈夫并没有太过在意，糯米也不是太金贵的东西，所以丈夫一熬就是一大锅。数日内丈夫在外做工，妻子就自己热糯米粥吃，感觉粥太厚就加凉水，感觉粥凉就再加热。几天下来，还是最早的那锅粥，只不过一来二去又热又捂就变味了，然而妻子也知道家中拮据，舍不得扔，就把剩下的粥都喝了。再请大夫到家诊脉时，大夫在妻子嘴里闻到了酒味，一边责怪两口子“明知道胎相不稳，还让孕妇喝酒”，一边把脉，却惊奇地发现胎相稳妥了很多。丈夫担心地问：“娃是不是醉了？”大夫几经推敲，才断定是糯米粥变质成酒糟，但没想到有安胎的作用。就这样，妻子一直吃着糯米酒糟，不但顺产，而且坐月子时继续吃，身体调养得很好。

如今的厦门，孕妇喝糯米酒还是少数，但产妇坐月子喝糯米酒绝不稀奇，一个月子喝一二十瓶都是很普通的事。遇到厦门本地酒量好的人，完全可以开玩笑，问其是不是在娘胎里就开始喝酒了！

厦门老街巷

了解一个城市，最快的办法便是找到那些最古老的街巷走一圈，摸摸斑驳的砖块瓦片，与坐在巷口晒太阳的老人聊聊天，这个城市的轮廓在心里就逐渐清晰起来。厦门这个古早味浓郁的老城中，隐藏在广厦阴影下的老街巷们都在等着人来听它们讲故事。

蜂巢山路

清朝倪随庵有一首描写鹭岛风景的诗，其中有一句「绝顶鸡鸣观日出，悬崖雾散现蜂巢」。这里的蜂巢便是指的厦巷港寨仔山附近一座石如蜂巢的山，据说这里是清朝对重犯处以斩首之刑的地方，后来山林麓辟路，便叫「蜂巢山路」了。

四仙街

清朝末年一场大水后，这里漂来一尊女子神像。为了供奉神像，一位清国公建了一个四面是佛的塔，名为四仙佛塔。后来，这条街就叫「四仙街」。

傅厝巷

傅厝巷俗称「傅厝墓」，这里曾是明朝御史大夫傅珙之墓。傅珙家族早年经商，后来傅珙和其子傅镇都在朝廷任官，傅氏家族也成为厦门的显赫大族。「厝」在闽南语中表示具体的居住地。

四仙街

四仙石佛：据厦门文物局考证，四仙石佛应该是宋代文物，石头的四面，每一面都刻有一尊一模一样的神像。

四仙石佛

担水巷

担水巷紧邻码头，早年淡水缺乏，市民用水便靠水船卖水，人称「船仔水」。因人们都从这条巷子担水回家，故名担水巷。那时的人们为了节约用水，理发店理发都不洗头，碰上雨天，家家户户屋檐下、天井里都摆满大缸小盆接水储用，叮叮咚咚的声音不绝于耳。

担水巷

线路推荐

厦门→等邮局→人和路台湾小吃街→横竹路→大同路（鼓浪屿馅饼）→镇邦路（影视取景地）→大中路→天一楼巷→山仔顶巷→思明西路→局口街（蓮欢海蛎煎、阿卿春卷）→思明东路（第七市场，古歌书苑、福音堂）→新华路（台湾公会旧址）

厦门老街巷

了解一个城市，最快的办法便是找到那些最古老的街巷走一圈，摸摸斑驳的砖块瓦片，与坐在巷口晒太阳的老人聊聊天，这个城市的轮廓在心里就逐渐清晰起来。在厦门这个古早味（怀旧味）浓郁的老城中，隐藏在广厦阴影下的老街巷们都在等着人来听它们讲故事。

蜂巢山路

清朝倪随庵有一首描写鹭岛风景的诗，其中有一句“绝顶鸡鸣观日出，悬崖雾散现蜂巢”。这里的“蜂巢”便是指厦港寨仔山附近一座石如蜂巢的山，据说这里是清朝对重犯处以斩首之刑的地方，后来山幽辟路，便叫“蜂巢山路”了。

四仙街

清朝末年一场大水后，这里漂来一尊女子神像。为了供奉神像，一位清园公建了一个四面是佛的塔，名为四仙佛塔。后来，这条街就叫“四仙街”。

傅厝巷

傅厝巷俗称“傅厝墓”，这里曾是明朝御史大夫傅珙之墓，傅珙家族早年经商，后来傅珙和其子傅镇都在朝廷任官，傅氏家族也成为厦门的显赫大族。“厝”在闽南语中表示具体的居住地。

担水巷

担水巷紧邻码头，早年淡水缺乏，市民用水便要靠水船卖水，人称“船仔水”。因人们都从这条巷子担水回家，故名“担水巷”。那时的人们为了节约用水，理发店理发都不洗头，碰上雨天，家家户户屋檐下、天井里都摆满大缸小盆接水储用，叮叮咚咚的声音不绝于耳。

虎巷

曾姑娘巷

据说厦门菜河有条小巷，某户曾姓人家有位姑娘，生性善良，口碑很好。后来曾姑娘不幸被素行不端的丈夫杀害，邻里激于义愤，将恶夫捆押送官。后来，人们又捐建祠堂祭祀曾姑娘，还找了位书塾先生写门联「曾垂万古，姑娘千秋」。曾姑娘祠很是灵验，久而久之，人们便把这条巷子也叫作「曾姑娘巷」了。

虎巷

民国五年，鼓浪屿上不知从哪里跑来只猛虎，把岛上众人吓得魂飞魄散。有人飞快地将岛上有虎的消息告诉了巡捕，巡捕追逐老虎进了岩仔脚一条狭巷，令老虎进退不能，这才开枪射杀老虎，这条巷子也就得名「虎巷」了。

开元路

开元路与中山路平行，连接着厦禾路与轮渡码头，是厦门最早建设的一条路。开元路修建于一九二零年，至今已经过百年了。据说厦门最早的骑楼便出现在开元路。开元路有厦门岛内最大的菜市场——八市，因此，老厦门人最喜欢聚集在此，非常热闹。

横竹路

横竹路是由原庙横街竹仔街合名而起的名字。路上最有特点的就是骑楼。骑楼在闽南语中叫「亭仔脚」，在粤语中是「露台」的意思。横竹路上曾有一座甘辉庙，是郑成功兵败南京后，为祭祀死难部下甘辉等人而建，据说郑成功为此自贬王爵，才成为「延平郡王」。

磁巷

磁巷以前叫磁街，清朝时曾是一条销售德化瓷为主的闽南瓷器的长街。一八七八年，时任兴泉永道的司徒绪向美国领事恒德森发出一份照会，大概意思是：磁街路头的土地，以前被厦门官厅租给美商，美商私自将土地转租给英商「宝德行」，而英商则擅自雇工填筑磁街路头海滩，是阴谋扩大美国租借地范围的行为。

海后路

海后路，旧称得胜街，临近开元路。这个位置曾是一片海滩，当时称为「海后滩」，后来建路，便称「海后路」。海后路五十八

新建厦门一等邮局

曾姑娘巷

据说厦门蕹（wèng）菜河有条小巷，巷中曾姓人家有位姑娘，生性善良，在邻里之间的口碑很好。后来，曾姑娘不幸被素行不端的丈夫杀害，邻里激于义愤，将恶夫捆押送官。人们感念曾姑娘的善行，又捐建祠堂祭祀曾姑娘，还找了位书塾先生写了“曾垂万古，姑娘千秋”的门联。曾姑娘祠很是灵验，久而久之，人们便把这条巷子也叫作“曾姑娘巷”了。

虎巷

民国五年，鼓浪屿上不知从哪里跑来一只猛虎，把岛上众人吓得魂飞魄散。有人飞快地将岛上有虎的消息告诉了巡捕，巡捕追逐老虎进了岩仔脚一条狭巷，令老虎进退不能，这才开枪射杀老虎，这条巷子也就得名“虎巷”了。

开元路

开元路与中山路平行，连接着厦禾路与轮渡码头，是厦门最早建设的一条路。开元路修建于1920年，至今已经过百年了，据说厦门最早的骑楼便出现在开元路。开元路有厦门岛内最大的菜市场——八市，因此，老厦门人喜欢聚集在此，非常热闹。

横竹路

横竹路是由原庙横街、竹仔街合名而起的名字，路上最有特点的就是骑楼。骑楼在闽南语中叫“亭仔脚”，指的是楼房向外伸出遮盖着人行道的部分。横竹路上曾有一座甘辉庙，是郑成功兵败南京后，为祭祀死难部下甘辉等人而建的，据说郑成功为此自贬王爵，才成为“延平郡王”。

磁巷

磁巷以前叫磁街，清朝时曾是一条销售德化瓷为主的闽南瓷器的长街。1878年，时任兴泉永道的司徒绪，向美国领事恒德森发出一份照会，大概意思是：磁街路头的土地，以前被厦门官厅租给美商“隆顺行”，后来美商私自将土地转租给英商“宝德行”，而英商则擅自雇工填筑磁街路头海滩，是阴谋扩大英国租借地范围的行为。

海后路

海后路，旧称得胜街，临近开元

号是「海后邮政支局」，邮局旁边有一方石碑，上面有「大清厦门一等邮局遗址」的字样，这是厦门在中国最早开办官方邮政业务的城市的证明。

暗迷巷

暗迷巷是开元巷旁边的一条窄巷，之所以叫作暗迷，与稀饭有关。这条巷子以前是一条专门卖稀饭的巷子，稀饭在闽南语中发音是「ámí」，翻译成普通话就是「暗迷」，因此这条巷子就得名暗迷巷。暗迷巷六号是保护单位「林驷安堂」。

后厅衖巷

后厅衖巷曾是五营五厅等军事机关中后厅的所在地。但出名是因为这里曾是专做红白喜事生意的巷子，令人感觉有点神秘。后厅衖巷曾经还拥有厦门三大戏院之一的龙山戏院在后厅衖巷旁边的龙山茶室还留有「茶桌仔」非常适合前来「寻古」。

顶大人巷

顶大人巷也叫「石顶巷」，巷内供奉一尊「石狮公」，但名为「顶大人」却与石狮公无关。相传从前巷内某户门前曾发现一尸体，邻里惊慌。地保带官差来抓走那个户主却被一个小女童挡住，女童毫无畏惧，上前顶撞官大人，指责官府未查明真相便抓人，官差退却，众人被女孩震惊，叹服不已，遂将小巷起名为「顶大人」。

暗迷巷

摸奶巷

同安老城最有特色的巷子是「摸奶巷」，名字粗俗但很有意思，是因为巷子狭窄，以至于只能侧身挤过去。窄的小巷不到两尺，如果两个人同时过巷，必会发生身体接触了。不过，女同志通常是不走「摸奶巷」的。

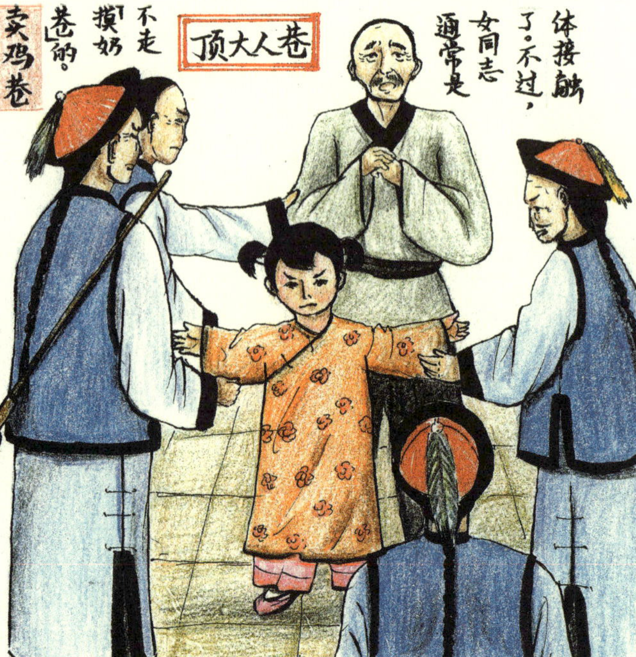

顶大人巷

卖鸡巷

卖鸡巷有二百多米长，七弯八拐，可以通到水仙路。清朝末年，这条巷子是贩卖鸡鸭的小贩汇聚之所，所以叫「卖鸡巷」。一九零二年，英国传教士梅逊·山雅各创办了《鹭江报》，这是厦门第一家现代中文报刊。报社最初设在鼓浪屿鹿耳礁，后来迁到卖鸡巷，不过报社不久就停办了，因此少有人知。

鹭江报

厦门地名之最：

最好的灶	文灶
最大的脚	大井脚巷
最大的鸡市	卖鸡巷
最危险的河	关刀河巷
最香的巷	配料馆巷
最香的路	妙香路
最亮的巷	光彩街
最暗的巷	暗迷巷
最熟的肉	熟肉巷
最好的店	样店里

路。这个位置曾是一片海滩，当时叫“海后滩”，后来建路，便称“海后路”。海后路58号是“海后邮政支局”，邮局旁边有一方石碑，上面有“大清厦门一等邮局遗址”的字样，这证明了厦门是中国最早开办官方邮政业务的城市。

暗迷巷

暗迷巷是开元巷旁边的一条窄巷，之所以叫暗迷，与稀饭有关。这条巷子以前专门卖稀饭，稀饭在闽南语中的发音是“an mi”，对应的汉字就是“暗迷”，因此，这条巷子就得名“暗迷巷”。暗迷巷6号是省级保护单位“林驷安堂”。

后厅衙巷

后厅衙巷曾是五营五厅等军事机关中后厅的所在地，但出名却是因为这里曾是专做红白喜事生意的巷子，令人感觉有点神秘。后厅衙巷曾经还拥有厦门三大戏院之一的龙山戏院，在后厅衙巷旁边的龙山茶室还留有“茶桌仔”，非常适合前来“寻古”。

顶大人巷

顶大人巷也叫“石顶巷”，巷内供奉一尊“石狮公”，但名为“顶大人”，却与石狮公无关。相传，从前巷内某户门前曾发现一尸体，邻里惊慌，地保带官差来抓走那个户主，却被一个小女孩挡住。女孩毫无畏惧，上前顶撞官大人，指责官府未查明真相便抓人。官差退却，众人被女孩震惊，叹服不已，遂将小巷起名为“顶大人”。

摸奶巷

同安老城最有特色的巷子是“摸奶巷”，之所以有这个粗俗的得名，是因为巷子太狭窄，以至于只能侧身挤过去。巷子最窄处不到两尺，如果两个人同时过巷，必然会发生身体接触，所以，女同志通常是不走“摸奶巷”的。

卖鸡巷

卖鸡巷有200多米长，七弯八拐，可以通到水仙路。清朝末年，这条巷子是贩卖鸡鸭的小贩汇聚之所，所以叫“卖鸡巷”。1902年，英国传教士梅迩·山雅各创办了《鹭江报》，这是厦门第一家现代中文报刊。报社最初设在鼓浪屿鹿耳礁，后来便迁到了卖鸡巷，不过报社不久就停办了，因此少有人知。

朱熹在同安当主薄的时候，以程朱理学教化民众，在当地百姓中的影响广而深远。程朱理学中，体现女子最高价值的方面莫过于「守节」。所谓「饿死事小，失节事大」，而标榜女性这一价值的则是厦门境内一座座贞节牌坊。只不过，现代人抚摸着这些已变成景点的贞节牌坊，往往会不自觉地浮想出一段段旧社会妇女的辛酸遭遇。

最古老的牌坊：蔡宗德妾杨氏贞节坊。

建成于一六一零年，是为明代一位六品通判」蔡宗德的小妾杨氏所立，所以当地人称其为「小妾坊」。据说杨氏十五岁嫁给蔡宗德为妾，二十三岁就开始守寡。蔡宗德的原配洪氏也死的早，杨氏凭借一人之力撑起了整个家。让人敬佩的是，杨氏亲生儿子早殁，她将嫡子蔡贵易与蔡献臣抚养成才，并终身供奉洪氏，一直以妾身自居。蔡献臣感其庶母恩德，专门上疏说：「妻之事夫，犹臣之事君，臣之尽忠既无分于大小，妻之立节，又何间于嫡庶？」明神宗特别恩准立坊。在古代，贞节牌坊通常是为正妻所立，极少为妾立坊，《同安古牌坊》书中说，它是全国「为妾立坊第一例」。

杨氏贞节坊

厦门老贞节牌坊的辛酸史

最年轻的牌坊：吴维果妻陈氏、胞侄(吴)昭坦妻庄氏节孝坊。

这座牌坊位于同安区洪塘镇石浔村西的大榕树下，一九一二年建成，恰好是清朝灭亡的那年，也是厦门境内最后一座古牌坊。从名字中不难看出，这是家族中叔侄二人的妻子同有守节美名，所以将牌坊立在一起，也正是因为如此，当地人习惯称其为「双旌坊」。叔侄二人妻子的故事已不可考，如今更吸引游人的反而是牌坊下八只小石兽：四只石狮子、两只石虎和一只石兔。没错，因为有一只石兔早已不见，当地老人说是受日月精华

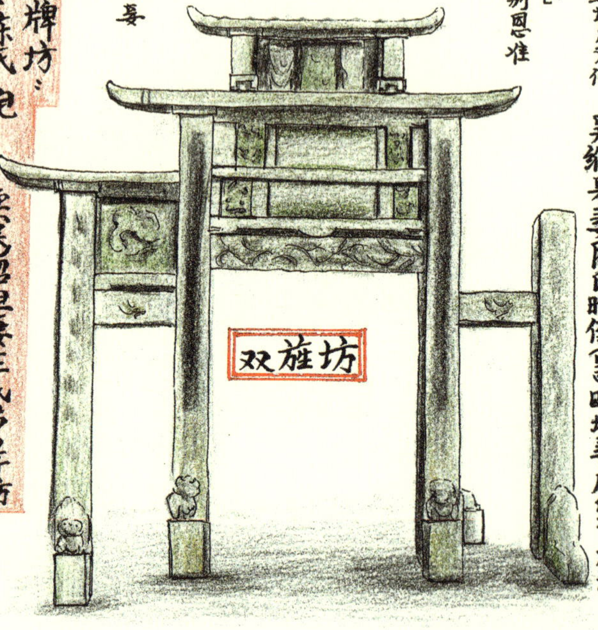

双旌坊

吴维果妻陈氏胞侄(吴)昭坦妻庄氏节孝坊

厦门老贞节牌坊的辛酸史

朱熹在同安当主簿的时候，以程朱理学教化民众，在当地百姓中的影响广而深远。程朱理学中，体现女子最高价值的方面莫过于“守节”，正所谓“饿死事小，失节事大”。而标榜女性这一价值的，则是厦门境内一座座贞节牌坊。只不过，现代人抚摸着这些已变成景点的贞节牌坊，往往会不自觉地浮想出一段段旧社会妇女的辛酸遭遇。

最古老的牌坊：蔡宗德妾杨氏贞节坊

建成于1610年，是为明代一位“六品通判”蔡宗德的小妾杨氏所立，所以当地人称其为“小妾坊”。据说，杨氏15岁嫁给蔡宗德为妾，23岁就开始守寡，蔡宗德的原配洪氏也死得早，杨氏凭借一人之力撑起了整个家。让人敬佩的是，杨氏亲生儿子早殁，她将嫡子蔡贵易与蔡献臣抚养成人，并终身供奉洪氏，一直以妾身自居。蔡献臣感其庶母恩德，专门上疏说：“妻之事夫，犹臣之事君。臣之尽忠，既无分于大小；妻之立节，又何问于嫡庶？”明神宗特别恩准立坊。在古代，贞节牌坊通常是为正妻所立，极少为妾立坊，《同安古牌坊》一书中说，它是全国“为妾立坊第一例”。

最年轻的牌坊：吴维果妻陈氏、胞侄（吴）昭坦妻庄氏节孝坊

这座牌坊位于同安区洪塘镇石浔村西的大榕树下，1911年建成，恰好是清朝灭亡的那一年，也是厦门境内最后一座古牌坊。从名字中不难看出，这是家族中叔侄二人的妻子同有守节美名，所以将牌坊立在一起，也正是因为如此，当地人习惯称其为“双旌坊”。叔侄二

有了灵气跑走了。

二十二年才立起的贞节牌坊：苏清淳妻洪氏节孝坊。

建立一座贞节牌坊怎么会用二十二年？据说当时苏清淳担任「武德佐骑尉」一职，虽然是个从五品官，但根据朝廷惯例，为官员妻子建立贞节牌坊需要调查官员的功绩。咸丰岁次辛酉年，有关人员将洪氏守节的事情报上朝廷，呈请恩准旌表，这时朝廷感觉苏清淳功绩不太够，没有准。直到光绪九年，这件请呈又被拿了出来，朝廷感觉应该抚慰民心，才同意。这座贞节牌坊后的两块青石板「申请」与「批复」的时间，居然相隔整整二十二年，一个女人为夫守节立牌坊还要层层批复，甚至还要看运气，实在让人心酸。

洪氏节孝坊

被嵌进墙里的贞节牌坊：庄允升妻张氏节孝坊和陈日升妻张氏节孝坊。

前者建成于一七六七年，后者只能确定建于清代，具体时间不可考。不过这两座牌坊的共同之处都是已经镶嵌在墙里，变成了居民的一部分。按道理说贞节牌坊是用来瞻仰的，不该变成房屋的一部分，但这么做也并非没有好处，因为在历史变革中很多牌坊都被人为毁坏，这些有使用价值的牌坊反而受到了保护。

有洋人雕像的贞节牌坊：王纯开妻陈氏节孝坊。

这座牌坊位于同安区大同街道同新路的南门邮政局门口，一八零七年建成。其实每一座贞节牌坊上都会有雕刻，大部分是祥云缠绕下的老人高寿、祖孙同乐、祈福后人等内容，有洋人的少之又少。在漳州的「勇壮简易坊」和闽越雄声坊」上，就有洋人形象雕

张氏节孝坊

人妻子的故事已不可考，如今更吸引游人的反而是牌坊下的“八”只小石兽：四只石狮子、两只石虎和一只石兔。没错，因为有一只石兔早已不见，当地老人说是受日月精华有了灵气跑走了。

二十二年才立起的贞节牌坊：苏清浮妻洪氏节孝坊

建立一座贞节牌坊怎么会用二十二年？据说当时苏清浮担任“武德佐骑尉”一职，虽然是个从五品官，但根据朝廷惯例，为官员妻子建立贞节牌坊需要调查官员的功绩。咸丰岁次辛酉年，有关人员将洪氏守节的事情报上朝廷，呈请恩准旌表，这时朝廷感觉苏清浮功绩不太够，没有准。直到光绪九年，这件请呈又被拿了出来，朝廷感觉应该抚慰民心，这才同意。这座贞节牌坊后的两块青石板“申请”与“批复”的时间，居然相隔整整二十二年。一个女人为夫守节，立牌坊还要层层批复，甚至还要看运气，实在让人心酸。

被嵌进墙里的贞节牌坊：庄允升妻张氏节孝坊和陈日升妻张氏节孝坊

前者建成于1767年，后者只能确定建于清代，具体时间不可考。不过这两座牌坊的共同之处就是都已经镶嵌在墙里，变成了民居的一部分。按道理说贞节牌坊是用来瞻仰的，不该变成房屋的一部分，但这么做也并非没有好处，因为在历史变革中很多牌坊都被人为毁坏，这些有使用价值的牌坊反而受到了保护。

有洋人雕像的贞节牌坊：王纯开妻陈氏节孝坊

这座牌坊位于同安区大同街道同新路的南门邮政局门口，1807年建成。

刻，这两处牌坊都已成为全国重点文物保护单位。陈氏这座牌坊上清晰雕刻着一个高鼻梁深眼窝，头发卷曲，身穿洋服的西方人形象，也算得上厦门贞节牌坊中的珍品。

高龄老奶奶们的贞节牌坊：贞寿坊。

这类牌坊是专门为守节且高寿的老奶奶们而立，「贞洁且寿」在过去被人们看成是上天对贞洁女性的爱护。厦门现存的三座「贞寿坊」的主人都是过百岁的老奶奶。「陈国璧妻柯氏贞寿坊」建成于一七八二年，柯氏老奶奶一百零二岁；「许承宰妻江氏贞寿坊」建成于一七八七年，江氏老奶奶一百零一岁；「博士渊妻吴氏贞寿坊」建成于一八四一年，吴氏老奶奶一百零二岁。

陈氏节孝坊

局部细节放大图式.

过去守节的女子数不胜数，能立贞节牌坊的只是凤毛麟角，立下牌坊能保存下来被后人看到，后人又愿意去了解记住的更是少之又少。旧时代女性守节，有的心甘情愿的自我牺牲，更多的是社会沉疴下的无可奈何。如今，这些受人观仰的牌坊仿佛在诉说着旧时代妇女道不尽的辛酸，让人感心慨唏嘘不已。

柯氏贞寿坊

黄慎为母亲立贞节牌坊。

黄慎，清代著名大画家，号"瘿瓢山人"，扬州八怪之一，与郑板桥、金农齐名。黄慎幼年失父，由守寡的母亲养大，他为母亲建贞节牌坊，79岁依然在卖画赚钱。枉费奔波半生，为母亲建造的牌坊还是消失在历史中。

其实每一座贞节牌坊上都会有雕刻，大部分是祥云缠绕下的老人高寿、祖孙同乐、祈福后人等内容，有洋人的少之又少。但在漳州的“勇壮简易坊”和“闽越雄声坊”上，就有洋人形象雕刻，这两处牌坊都已成为全国重点文物保护单位。陈氏这座牌坊上，清晰雕刻着一个高鼻梁、深眼窝、头发卷曲、身穿洋服的西方人形象，也算得上厦门贞节牌坊中的珍品。

高龄老奶奶们的贞节牌坊：贞寿坊

这类牌坊专门为守节且高寿的老奶奶们而立，“贞洁且寿”在过去被人们看成是上天对贞洁女性的爱护。厦门现存的三座“贞寿坊”的主人，都是过百岁的老奶奶。“陈国璧妻柯氏贞寿坊”建成于1782年，柯氏老奶奶102岁；“许承宰妻江氏贞寿坊”建成于1787年，江氏老奶奶101岁；“傅士渊妻吴氏贞寿坊”建成于1841年，吴氏老奶奶102岁。

过去守节的女子数不胜数，能立贞节牌坊的只是凤毛麟角，立下牌坊能保存下来被后人看到，后人又愿意去了解记住的更是少之又少。旧时代女性守节，有的是心甘情愿的自我牺牲，更多的是社会沉疴下的无可奈何。如今，这些受人观仰的牌坊仿佛在诉说着旧时代妇女道不尽的辛酸，让人唏嘘不已。

演出《老舍五则》一波三折

闽南大戏院

闽南大戏院的落成可以说弥补了厦门的一大缺憾，让「厦门一直没有一座大型专业剧场」成为历史。在这里无论是厦门本土中意的「高甲戏」、「歌仔戏」，还是世界著名的「宫崎骏作品音乐会」、「印度宝莱坞音乐歌舞剧」几乎都是场场爆满。而二零一五年十月上演的《老舍五则》可谓是一波三折，吊足了观众的胃口。《老舍五则》包含了老舍先生非常特别的五部短篇小说《柳家大院》、《也是三角》、《断魂枪》《上任》、《兔》，这次在闽南大戏院是首次搬上舞台。当演出消息公布开来票几乎在第一时间售罄，观众里面有老舍先生作品的崇拜者有对北京老市井风貌的好奇者，更有这次登台演出演员的粉丝。然而好事多磨，日期后延与临时取消的小道消息频频传出。还好这个消息真的只是谣言，最终《老舍五则》在闽南大戏院的演出圆满结束，好评空前。到维也纳一定要去金色大厅，到厦门也一定要去闽南大戏院。也许《老舍五则》只是闽南大戏院的一个过客，我们相信这里将会是无数音乐、戏曲、表演艺术的最佳平台，是连接厦门与世界舞台艺术的桥梁。

老舍五则之 也是三角

老舍五则之兔

闽南大戏院"老舍五则"分别是《柳家大院》、《也是三角》、《断魂枪》、《上任》、《兔》。老舍先生作品的含义往往不止于表面，而变成话剧放在舞台上，非常考究演员的功底。

演出《老舍五则》一波三折

闽南大戏院的落成，可以说弥补了厦门的一大缺憾，让“厦门一直没有一座大型专业剧场”成为历史。在这里，无论是厦门本土中意的“高甲戏”“歌仔戏”，还是世界著名的“宫崎骏作品音乐会”“印度宝莱坞音乐歌舞剧”，几乎都是场场爆满。而2015年10月上演的《老舍五则》可谓是一波三折，吊足了观众的胃口。

《老舍五则》包含了老舍先生非常特别的五部短篇小说《柳家大院》《也是三角》《断魂枪》《上任》《兔》，这次在闽南大戏院是首次搬上舞台。当演出消息公布开来，票几乎在第一时间售罄。购票观众里有老舍先生作品的崇拜者，有北京老市井风貌的好奇者，更有这次登台演出演员的粉丝。然而好事多磨，演出日期延后与临时取消的小道消息频频传出。还好这个消息真的只是谣言，最终《老舍五则》在闽南大戏院的演出圆满结束，好评空前。

到维也纳一定要去金色大厅，到厦门也一定要去闽南大戏院。也许《老舍五则》只是闽南大戏院的一个过客，但我们相信，这里将会是无数音乐、戏曲等表演艺术的最佳平台，是连接厦门与世界舞台艺术的桥梁。

小贴士：

《老舍五则》都讲了啥？当然，老舍先生的作品，永远不止于表面的含义。

作品	《柳家大院》	《也是三角》	《断魂枪》	《上任》	《兔》
简介	描绘了住在“柳家大院”里的各具特色的底层人物形象，语言朴实而滑稽。	刻画了一对当兵的拜把子兄弟共娶一个媳妇的心理挣扎。	三个拳师的故事，重点写沙子龙在近代社会急剧变化中的复杂心态。	讲述了曾经混迹在黑社会中的老大成为治安官吏后与以前同党的纷争。	这是一个下海的男戏子与其包养者的同性恋的故事。也是一个小人物被压榨、毁灭的故事。

捡来的老厦门故事馆

说鼓浪屿老厦门故事馆就不得不提馆主洪明章。洪明章是名从事旅游业的台商。二零零一年到武夷山游玩的洪明章在当地发现了一块写有「贡元」字样的牌匾，觉得牌匾古朴美观，便将其买了下，并逐渐对这些老物件产生兴趣，到处搜集。当他在鼓浪屿看到一些老鼓浪屿们在装修房子时竟然将文物当废品丢到街上时，洪明章十分痛心，为了不让这些文物消失，他开始了「捡破烂」的生涯。从古代的官府牌匾、石碑、茶具到老式的电影机、留声机、洗衣板，他全单照收，到后来收藏的古董竟达数万件。由于他眼光比较独到，捡到的「破烂」都很有价值和看头，所以洪明章就租下场地，开了很多博物馆，鼓浪屿老厦门故事馆就是其中之一。

老厦门故事馆原先是老别墅，由前后两幢老房子和前侧两个庭院构成。洪明章将前幢辟为博物馆，馆内陈设茶碗茶桌、柜台算盘、招牌门匾等老物件儿，也有当时生产的留声机、冰箱等当时比较新潮的洋玩意儿。本来单个老物件儿已经历史感十足，两三个老物件经过洪明章搭配，甚至让人有穿越之感，仿佛回到了那些旧时光，看见那些旧时的人。旧時光里的人们过着「从前慢」的日子，用着比现在简单的器具，但仍旧不失雅致情调。看累了，想累了，那就去后幢。那里已经被改造成古香古色的旅店，幽静清凉。在这里睡上觉，梦里再续那些旧时老厦门的生活场景也是极好的。

洪明章的博物馆		
珍奇台湾	百年鼓浪屿	厦门园博苑海峡两岸博物馆
永定岗彩别墅侨乡博物馆	珍奇世界	中国永定初溪土楼博物馆
闽台官用品博物馆	闽台匾额博物馆	闽台酒文化博物馆
爱情文化博物馆	闽台老电影博物馆	海峡两岸馆

老厦门故事馆

捡来的老厦门故事馆

说到鼓浪屿老厦门故事馆，就不得不提馆主洪明章。

洪明章是名从事旅游业的台商。2001年，到武夷山游玩的洪明章在当地发现了一块写有“贡元”字样的牌匾，觉得牌匾古朴美观，便将其买下，并逐渐对这些老物件产生兴趣，到处搜集。当他在鼓浪屿看到一些老鼓浪屿们在装修房子的时候竟将文物当废品丢到街上时，十分痛心。为了不让这些文物消失，他开始了“捡破烂”的生涯。从古代的官府牌匾、石碑、茶具到老式的电影机、留声机、洗衣板，他照单全收，到后来收藏的古董竟达数万件。由于他眼光比较独到，捡到的“破烂”都很有价值和看头，所以洪明章就租下场地，开了很多博物馆，鼓浪屿老厦门故事馆就是其中之一。

老厦门故事馆原先是老别墅，由前后两幢老房子和前侧两个庭院构成。洪明章将前幢辟为博物馆，馆内陈设茶碗茶桌、柜台算盘、招牌门匾等老物件，也有留声机、冰箱等当时比较新潮的洋玩意儿。本来单个老物件已经历史感十足，再经洪明章搭配，甚至让人有穿越之感，仿佛回到了那些旧时光。旧时光里的人们过着“从前慢”的日子，用着比现在简单的器具，但仍旧不失雅致、情调。看累了，想累了，那就去后幢。那里已经被改造成古香古色的旅店，幽静清凉。在这里睡上一觉，梦里再续那些旧时老厦门的生活场景，也是极好的。

东方鱼骨艺术馆里的『鱼骨魔』

鱼骨

鼓浪屿有座东方鱼骨艺术馆，面积不大，房子仅三间，但是里面的鱼骨画却张张是精品，幅幅有故事。也许你会疑惑：鱼骨就是餐桌上的垃圾而已，除了猫没谁喜欢，是谁这么有才，不但用它创作出这么漂亮的画，还办了一个展馆？这人就是「鱼骨魔」林翰冰。

一九九零年的一天，林翰冰和朋友在吃饭的时候点了一道桂花鱼，吃完鱼后，他突然发现这鱼嘴骨活像一位在拉小提琴的少女。林翰冰随即想：鱼骨莹白清透，何不以它为材料作画？从此，林翰冰就成了「鱼骨魔」。他先是大量收集鱼骨，周边的烧烤摊、餐馆和酒店经常能见到他搜集鱼骨的身影。由于这些鱼骨经过各式烹饪和客人嚼食已经被破坏，并无美感，林翰冰就到菜市场和渔船上买鱼，只要是没见过的鱼，不管贵贱，他都买下，最贵的一条鱼高达三千元。

在创作之初的一个月时间内，林翰冰更是花了两三万元买鱼。鱼买回家，为了不浪费，林翰冰就让家人吃鱼。但是吃的时候必须小心，不能破坏鱼鳞、鱼刺、鱼鳃这些「宝贝」。家人吃怕了，林翰冰就将鱼肉送给好友吃，好友也吃怕了，他就把鱼肉加工成鱼松。不管怎样，鱼骨就是要收集。这些鱼骨并不能直接使用，还得经过净白、去味、防霉、烘干等十二道工序加工。但是林翰冰对此却乐此不疲。因为正是经过这一道道工序，鱼骨才会变得色泽纯净，创作出的画才会美丽雅致。二零零五年他将创作的一百多幅鱼骨画拿出来办了一个画展，引起轰动。为了让更多人能欣赏这种艺术，林翰冰打算在鼓浪屿建一个艺术馆。为了这个艺术馆，林翰冰竟将自己在岛上的房子卖掉筹办。实在是对鱼骨画着了魔。

鱼骨艺术家　林翰冰

近年来，林翰冰在搜集鱼骨的过程中发现有些鱼骨发黄，变形严重，这说明水体受到了污染，鱼类的生活环境破坏严重。为此，他还创作了一些环保题材的鱼骨画，那幅著名作品《海魂》，表达的就是这层意思。

鱼骨画中鱼骨的处理方式：
搜集鱼骨→将鱼骨放入适量盐或碱经加温除油，再用防腐剂浸泡，以防变质变色或腐烂→清洗，增白→烘干：放在阴凉通风或暖气上。

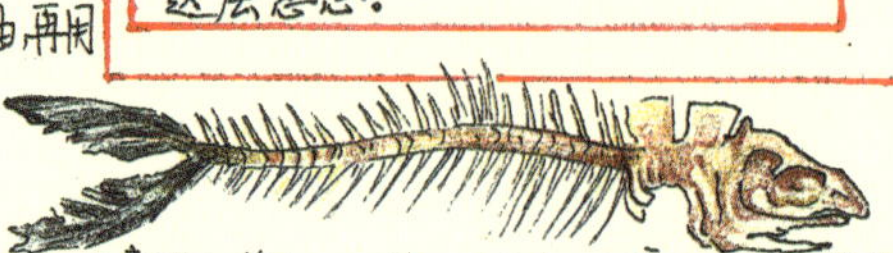

东方鱼骨艺术馆里的“鱼骨魔”

鼓浪屿有座东方鱼骨艺术馆，虽然面积不大，但里面的鱼骨画却张张是精品，幅幅有故事。也许你会疑惑，鱼骨就是餐桌上的垃圾而已，除了猫没谁喜欢。是谁这么有才，不但用它创作出这么漂亮的画，还办了一个展馆？这人就是“鱼骨魔”林翰冰。

1990年的一天，林翰冰和朋友在吃饭的时候点了一道桂花鱼。吃完鱼后，林翰冰突然发现这鱼嘴骨活像一位在拉小提琴的少女。他随即想：鱼骨莹白清透，何不以它为材料作画？从此，林翰冰就成了“鱼骨魔”。

他先是大量收集鱼骨。周边的烧烤摊、餐馆和酒店经常能见到他搜集鱼骨的身影。由于这些鱼骨经过各式烹饪和嚼食已经被破坏，并无美感，林翰冰就到菜市场和渔船上买鱼。只要是没见过的鱼，不管贵贱，他都买下，最贵的一条鱼高达3000元。在创作之初的一个月时间内，林翰冰花了两三万元买鱼。鱼买回家，为了不浪费，林翰冰就让家人吃鱼。但是吃的时候必须小心，不能破坏鱼鳞、鱼刺、鱼鳃这些“宝贝”。家人吃怕了， 林翰冰就将鱼肉送给好友吃，好友也吃怕了，他就把鱼肉加工成鱼松。不管怎样，鱼骨就是要收集。这些鱼骨并不能直接使用，还得经过净白、去味、防霉、烘干等12道工序加工。但是林翰冰对此乐此不疲，因为正是经过这一道道工序，鱼骨才会变得色泽纯净，创作出的画才会美丽雅致。

2005年，他将创作的100多幅鱼骨画拿出来办了一个画展，引起轰动。为了让更多人能欣赏这种艺术，林翰冰打算在鼓浪屿建一个艺术馆。为了筹办这个艺术馆，林翰冰竟将自己在岛上的房子卖掉，实在是对鱼骨“魔怔”到一定境界了！

书香氤氲 | 厦门那些文艺范儿的书店

厦门是座极其文艺的城市。除了温柔清爽的海风，随处入目的花草树木，美轮美奂的建筑，还有色味俱佳的热带水果，这里还有些文艺范儿十足的书店。这些书店有的店面不大，深藏在小街巷里，十分难寻，但就是这些书店，不仅让厦门更美丽，更让厦门变成一个有内涵、文化氛围浓厚的城市。

一、不在书店

不在书店有「中国最美书店」之名。的确，这里很美。三层的老别墅周边是郁郁葱葱的绿植，独立的院子里窗明几净，室内散发着淡淡的书香。穿过一道道书墙，不经意间一个沉醉于书中的姑娘出现在你面前，阳光洒在翻开的书上，映在她的脸庞上，仿佛一幅静美的画。这个书店的店名也很耐人寻味：「不在书店」若不在书店，又身在何处呢？又有「无为有时还有无」的禅意在里头。更有意味的是，招牌上的「不在书店」这四个字除了「在」字，别的字都少了一笔，是「天地本不全，万物终有缺」之意，还是「吾生也有涯，而知也无涯」之意，仁者见仁，智者见智了。「不在书店」开在厦门黄金地段，需要支付昂贵的租金，在众多实体书店遭遇寒冬、纷纷倒闭的情况下，这家书店春意不减，独秀一方，必有其经营的独到之处。

二、晓风书屋

晓风书屋被称为「厦大（厦门大学）师生的精神家园」。之所以得这个名号是因为它就在厦门大学旁边，且卖的书质量好。晓风书屋的创办人许志强在出版

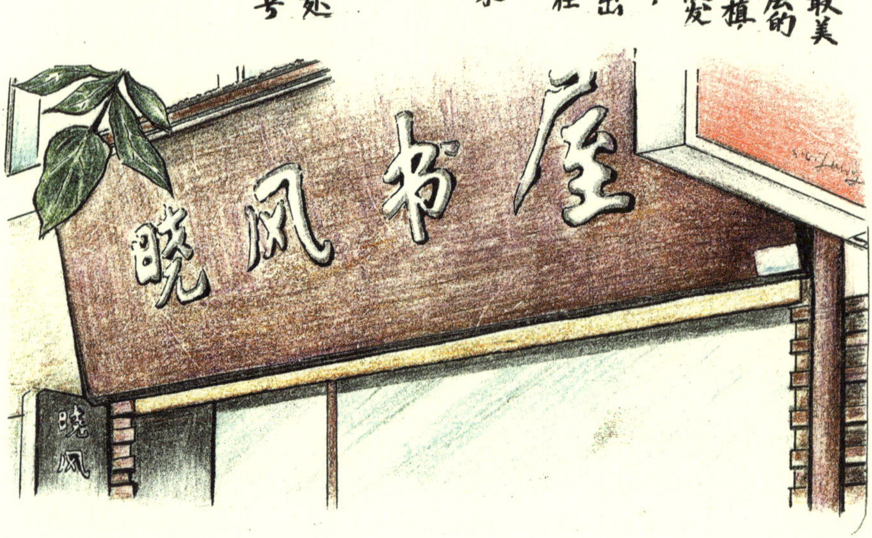

书香氤氲——厦门那些文艺范儿的书店

厦门是座文艺的城市。除了温柔清爽的海风，随处入目的花草树木，美轮美奂的建筑，还有色味俱佳的热带水果，当然，也少不了一些文艺范儿十足的书店。这些书店有的店面不大，深藏在小街巷里，十分难寻，但就是这些书店，不仅让厦门更美丽，更让厦门变成一个有内涵、文化氛围浓厚的城市。

一、不在书店

不在书店有“中国最美书店”之名。的确，这里很美。三层的老别墅周边是郁郁葱葱的绿植，独立的院子里窗明几净，室内散发着淡淡的书香。穿过一道道书墙，不经意间一个沉醉于书中的姑娘出现在你面前，阳光洒在翻开的书上，映在她的脸庞上，仿佛一幅静美的画。这个书店的店名也很耐人寻味：不在书店。若不在书店，又身在何处呢？“无为有时还有无”的禅意蕴含其中。更有意味的是，招牌上的“不在书店”这四个字，除了“在”字，别的字都少了一笔，是“天地本不全，万物终有缺”之意，还是“吾生也有涯，而知也无涯”之意，则仁者见仁，智者见智。不在书店开在厦门黄金地段，需要支付昂贵的租金，在众多实体书店遭遇寒冬、纷纷倒闭的情况下，这家书店春意不减，独秀一方，必有其经营的独到之处。

二、晓风书屋

晓风书屋被称为“厦大师生的精神家园”。之所以得到这个名号，是因为它就在厦门大学旁边，且卖的书质量好。晓风书屋的创办人许志强在出版界人脉广，读书有品位，其主要经营的文史哲艺类图书，内容新、全，品质独到。经常来这里逛，可以对学术界新动向有个大致把握。也正因如此，厦大的

界人脉广，而且个人的读书品位高，其主要经营的文史哲艺类图书内容新，全面且质量好。经常来这里逛有利于对学术界新动向有个大致把握。也正因此，厦大的一些教授、学霸经常会跑到晓风书屋去看书买书。运气好的话你都能与厦门大学教授、知名学者相遇。

三、琥珀书店

琥珀书店小而美。它的位置比较隐蔽需要穿过几条小巷。等你看到一面挂在小巷尽头带有小松鼠图案的灯的时候，琥珀书店就到了。不过琥珀书店最吸引人的，还是它卖的书。这里专卖古旧书和特价书。由于店主独到的眼光，多年以前的好书都会被淘来。另一点吸引人的，就是，店主会和常客保持联系，并根据他们的兴趣帮他们从网络上和书店里找书。有人曾经说「琥珀和顾客已经超越了一般买书的和卖书的关系，有了一些人情的往来，感觉特别温暖。

琥珀书店手作一角

四、纸的时代书店

纸的时代书店在海沧阿罗海城市广场。这里的最大特点就是书便宜，差价将以咖啡券的形式补给读者，听起来很炫酷。更炫酷的是，这里环境非常棒。高高的书架，巨大的落地窗，香浓的咖啡和舒服的桌椅，让你在丰富精神世界的时候也满足你的视觉美感。书店里所有书籍都有拆封过的，你可以随便借阅，书店前台还有扫描服务，看到喜欢的部分可以扫描下来带回家慢慢读。周末这里还有专人教你用纸张制作玫瑰花、纸鹤，十分浪漫。纸的时代书店之所以这么「爆」，主要因为它是文化地标。这不仅让众多书虫过足瘾，也让商业广场档次提高不少，可谓双赢。

纸的时代书店

厦门的其他特色书店

店名：琥岛图书馆

特色：主营二手书，鼓励书友在此存放、交流旧书。

店名：晨光旧书店

特色：书店据说已经开了二十几年了，售价基本按定价打五折，有时间耐心逛逛，可以淘到很多好书。

店名：时光书屋

特色：时光书屋开在厦门大学群贤楼一层，来往的大学生比较多，店内的设计也更新潮。

店名：南强书苑

特色：这是厦门大学出版社办的书店，主营厦门大学出版社的书和全国各地高校出版的书。

教授、学生经常会跑到晓风书屋去看书买书。运气好的话，你可能会与厦门大学教授、学者相遇。

三、琥珀书店

琥珀书店小而美。它的位置比较隐蔽，需要穿过几条小巷才能找到。等你看到一盏挂在小巷尽头、带有小松鼠图案的灯的时候，琥珀书店就到了。不过琥珀书店最吸引人的，还是它卖的书。这里专卖古旧书和特价书。由于店主独到的眼光，能够淘到很多年以前的好书。另外吸引人的一点是，店主会和店里常客保持联系，并根据他们的兴趣，帮他们从网络上和其他书店里找书。有人曾经说："琥珀和顾客已经超越了一般买书卖书的关系，有了一些人情的往来，感觉特别温暖。"

四、纸的时代书店

纸的时代书店在海沧阿罗海城市广场。这里的最大特点就是书便宜，差价将以咖啡券的形式补给读者，听起来很吸引人。更吸引人的是，这里环境非常棒。高高的书架，巨大的落地窗，香浓的咖啡和舒服的桌椅，在丰富你的精神世界的同时也满足你的视觉美感。书店里所有书籍都是拆封过的，可以随便借阅，书店前台还有扫描服务，看到喜欢的部分可以扫描下来带回家慢慢读。周末这里还有专人教你用纸张制作玫瑰花、纸鹤，十分浪漫。

纸的时代书店之所以这么"壕"，主要因为它是文化地标。这不仅让众多书虫过足瘾，也让商业广场文化层次提高不少，可谓双赢。

厦门岛上大桥多

杏林大桥	8530m
集美	8430m
厦门	6695m
海沧	5926.52m
演武	2200m

厦门各大桥长度对比图

厦门市区在厦门岛，以前岛陆之间联系仅靠船运，十分不便。建国初，福建省召集"万人大军"，抛石入海，建起了由高集海堤（高崎到集美）和集美到杏林海堤组成的厦门海堤，火车、汽车得以开进厦门，厦门经济得到发展。但随着人流车流的增加，厦门海堤无法满足厦门交通需求。海堤原设计车日流量为二千五百辆，而一九八九年时就增加到一万二千辆。当时岛内居民要去对岸的同安，早上七点出发，下午一点能到就算是好的，几乎一上海堤就堵车。

为此，厦门开始建大桥。

一、厦门大桥——中国第一座跨越海峡的公路大桥

厦门大桥作为中国第一座跨越海峡的公路大桥，也算中国桥梁界的大佬了。也正因为以前没什么榜样，厦门大桥无法"循规蹈矩"，反倒多了些创新之处。比如，以前中国建桥一般都是立杆照明，中间一排路灯，两边各一排路灯。厦门大桥就没有这么设计。设计者们去掉了两边的路灯，让灯光从下往上打在扶手上，这样就消除了大桥两边的视觉障碍，通行变得更顺畅。

厦门大桥建成后给厦门人带来了极大的方便。岛内人再去同安，只要一小时，比之前节省了整整五个小时。在这个时间就是金钱的时代，厦门大桥可谓是贡献巨大。

二、海沧大桥——亚洲第一、世界第二的三跨连续全漂浮钢箱梁悬索桥

海沧大桥是亚洲第一、世界第二的三跨连续全漂浮钢箱梁悬索桥，代表着二十世纪中国建桥水平的最

海沧大桥

厦门岛上大桥多

厦门市区在厦门岛上，以前岛陆之间联系仅靠船运，十分不便。建国初，福建省召集“万人大军”，抛石入海，建起了由高集海提（高崎到集美）和集杏海堤（集美到杏林）组成的厦门海堤，火车、汽车得以开进厦门，厦门经济得到发展。但随着人流、车流的增加，厦门海堤渐渐无法满足厦门的交通需求。海堤原设计日车流量为2500辆，而1989年时就增加到了12000辆。当时岛内居民要去对岸的同安，早上7点出发，下午1点能到就算是好的，几乎一上海堤就堵车。为此，厦门开始建大桥。

1. 厦门大桥——中国第一座跨越海峡的公路大桥

厦门大桥作为中国第一座跨越海峡的公路大桥，也算中国桥梁界的大佬了。正因为以前没什么榜样，厦门大桥无法“循规蹈矩”，反倒多了些创新之处。比如，以前中国建桥一般都是立杆照明，中间一排路灯，两边各一排路灯。厦门大桥就没有这么设计。设计者们去掉了两边的路灯，让灯光从下往上打在扶手上，这样就消除了大桥两边的视觉障碍，通行变得更顺畅。

厦门大桥建成后，给厦门人带来了极大的便利。岛内人再去同安，只要1小时，比之前节省了整整5个小时。在这个时间就是金钱的时代，厦门大桥可谓是贡献巨大。

2. 海沧大桥——亚洲第一、世界第二的三跨连续全漂浮钢箱梁悬索桥

海沧大桥是亚洲第一、世界第二的三跨连续全漂浮钢箱梁悬索桥，代表着20世纪中国建桥水平的最高成就。相比厦门大桥，海沧大桥虽然看起来没有那么敦实硬朗，但多了几分浪漫时尚。大桥凌空飞架，俊美飘逸，宛如飞虹，又似银龙，此番“东渡飞虹”之景也成为

高成就。相比厦门大桥，海沧大桥虽然看起来没有那么敦实硬朗，但多了几分浪漫时尚之感。大桥凌空飞架，俊美飘逸，宛如飞虹，又似银龙，此番「东渡飞虹」之景也成为厦门的一大看点。海沧大桥东岸还建有我国第一座桥梁博物馆，是个长姿势的好去处。

三、杏林大桥 — 全国第一所有观景台的桥

杏林大桥以五点零三四公里海上桥长获得「厦门市最长的一座跨海大桥」的称号。大桥桥型采用双驼峰设计，看点十足。所谓的「双驼峰」，就是主桥两端竖曲线抬高，整座桥纵向形成「M」形，从侧面眺望恰似两座「驼峰」。虽然设计单位称，杏林大桥在海上犹如长龙翻腾，寓意「鹭岛龙腾」，但它却是更像是一只踏实稳重吃苦耐劳的双峰驼，为厦门提供着便利运输。

杏林大桥更吸引人的是开全国首创，在大桥「驼峰处」两侧设观景台。市民可停在桥上看风景，将海沧大桥、老厦门海堤、厦门大桥和集美大桥次第览尽，过足眼瘾！

五缘湾大桥

四、集美大桥 — 厦门最宽大桥

是为缓解厦门大桥拥堵，提升岛内外联系而建。它的最大特点就是宽，是厦门最宽的大桥。另外当时集美大桥的一段需要经过高崎机场，为了既保证机场的正常运转，又能让集美大桥路线通畅，设计者就在机场下面开挖了一条隧道。虽然难度大，但是巧妙地将厦门空港纳入，提升了大桥的交通价值。

五、演武大桥 — 世界上离海平面最近的跨海大桥

演武大桥环厦门岛南侧，因东临古演武池演武场遗址，西侧隔海相望鼓浪屿上的郑成功塑像而得名。为了不影响城市景观，演武大桥的桥面设计高度仅五点五米，与潮汐大潮水位相同，是世界上离海平面最近的跨海大桥。

桥梁	大桥建设时间	工期
厦门大桥	1987年10月—1991年04月	3年半
海沧大桥	1996年12月—1999年12月	3年
杏林大桥	2006年03月—2008年09月	2年半
集美大桥	2006年12月—2008年07月	1年5个月
演武大桥	2000年07月—2001年09月	2个月

厦门的一大看点。海沧大桥东岸还建有我国第一座桥梁博物馆，是个长知识的好去处。

3. 杏林大桥——全国第一架有观景台的桥

杏林大桥以5.034千米的海上桥长获得“厦门市最长跨海大桥”的称号。大桥桥型采用双驼峰设计，看点十足。所谓的“双驼峰”，就是主桥两端竖曲线抬高，整座桥纵向形成M形，从侧面眺望，恰似两座“驼峰”。虽然设计单位称，杏林大桥在海上犹如长龙翻腾，寓意“鹭岛龙腾”，但它更像是一只踏实稳重、吃苦耐劳的双峰驼，为厦门提供着便利运输。

杏林大桥更吸引人的是开全国首创，在大桥“驼峰处”两侧设观景台。市民可停在桥上看风景，将海沧大桥、老厦门海堤、厦门大桥和集美大桥次第览尽，过足眼瘾！

4. 集美大桥——厦门最宽大桥

集美大桥为缓解厦门大桥拥堵、提升岛内外联系而建。它的最大特点就是宽，是厦门最宽的大桥。当时集美大桥的一段需要经过高崎机场。为了既保证机场的正常运转，又让集美大桥路线通畅，设计者就在机场下面开挖了一条隧道。虽然难度大，但是巧妙地将厦门机场纳入，提升了大桥的交通价值。

5. 演武大桥——世界上离海平面最近的跨海大桥

演武大桥环厦门岛南侧，因东临古演武池、演武场遗址，西侧隔海相望鼓浪屿上的郑成功塑像而得名。为了不影响城市景观，演武大桥的桥面设计高度仅5.5米，与潮汐大潮水位相同，是世界上离海平面最近的跨海大桥。

6. 五缘湾大桥——厦门首座采用钢性吊竿结构建设的桥梁

五缘湾大桥原本叫钟宅湾大桥，后来人们见它和周边另外四座拱桥在碧水倒映后构成“五圆”，而“五圆”谐音“五缘”，与闽台之间的地缘、血缘、文缘、商缘、法缘这五缘契合，所以有人将它称为五缘湾大桥。2007年，钟宅湾大桥正式更名为五缘湾大桥，并和它的四个“小伙伴”构成“五桥映月”的美景。

厦门怪坡：被一条路给忽悠了

怪坡老人

如果你在走一段下坡路时逐渐感觉就像走上坡一般费力，同时发现水也在顺坡逆流而上，你会不会以为自己是在做梦？在现实里，厦门文曾路通往半岭宫的路上就有这么一段有趣的「怪坡」。整个怪坡的长度虽然只有五十米，但绝对不能小瞧，据说它曾引起多人「追尾」。当时厦门一个小学的某个班要到半岭宫游玩，二十多个小朋友排成了两列纵队，每一排两个人手拉手朝着目的地走去。当队伍走进怪坡的时候，所有人都以为是上坡路，于是整个队伍的小朋友们就「常识性」地用力爬坡。五十米的路程在常人走来大概要五十多步，但对于小孩子而言可能就要一百步左右。然而，没有不小朋友在这一百步里发觉到：自己不断用力「爬坡」，但步伐的速度已经越走越快。巧合的是，当排头走到怪坡尽头的时候，班长喊了一句「立定」，这时排头两个小朋友实际上是加速走了五十米的下坡路，由于年纪还小，已经控制不住身体的惯性，立定的同时失去了平衡摔倒了。如同多米诺骨牌一般，后面的小朋友也控制不了加速下坡的惯性，接二连三地「追尾」了。当最后一排的某个小朋友手里的弹珠落在地上时，更惊奇的事情出现了：弹珠居然没有顺着怪坡下滑，反而是朝着坡上滚去……就这样，厦门怪坡的名气被传开了。当然，怪坡其实并无古怪，只是源于参照物给人们带来的视觉错误。有时候，眼见并不为实。大自然也会给人们带来点「小魔术」。

怪坡老人
在厦门怪坡上，总能看见一位老人，他就是怪坡老人。由于他热情，又喜欢向游客讲述怪坡的故事，时间一长，他就被游客称为"怪坡老人"。

怪坡

厦门怪坡：被一条路给忽悠了

如果你在走一段下坡路时，感觉就像走上坡一般费力，同时发现水也在顺坡逆流而上，你会不会以为自己是在做梦？在现实里，厦门文曾路通往半岭宫的路上就有这么一段有趣的“怪坡”。

整个怪坡的长度虽然只有50米，但绝对不能小瞧，据说它曾引起多人“追尾”。当时厦门一个小学的某个班要到半岭宫游玩，二十多个小朋友排成了两列纵队，每一排两个人手拉手朝着目的地走去。当队伍走进怪坡的时候，所有人都以为是上坡路，于是整个队伍的小朋友们就“常识性”地用力爬坡。50米的路程在常人走来大概要五十多步，但对于小孩子而言可能就要一百步左右。然而，没有一个小朋友在这一百步里发觉：自己不断用力“爬坡”，但步伐的速度已经越来越快。巧合的是，当排头走到怪坡尽头的时候，班长喊了一句“立定”。这时排头两个小朋友实际上是加速走了50米的下坡路，由于年纪还小，已经控制不住身体的惯性，立定的同时失去平衡摔倒了。如同多米诺骨牌一般，后面的小朋友也控制不了加速下坡的惯性，接二连三地“追尾”了。当最后一排的某个小朋友手里的弹珠落在地上时，更惊奇的事情出现了：弹珠居然没有顺着怪坡下滑，反而是朝着坡上滚去……就这样，厦门怪坡的名气被传开了。

当然，怪坡其实并无古怪，只是源于参照物给人们带来的视觉错误。有时候，眼见并不为实，大自然也会给人们来点“小魔术”。

厦门传奇公交507

坐公交车的最高境界是什么？有人总结是不想上车的时候被人挤上去，不想下的时候又被人挤下来。这是对乘客而言，对厦门的公交车司机而言，「最高境界」就是成为公交507的司机。

厦门507路公交从上世纪八十年代上路服务以来就是市区首屈一指的最快公交。它的路线是西起轮渡，北至集美，横跨三个行政区，因此乘客对507路的唯一要求就是快。所谓「天下武功，唯快不破」，这话套用在507上也合适。507太快，快到被人们列为都市传说之一。比如某次某乘客拉着扶扶手没留神507突然急刹车由于惯性太大，一使劲把扶手拉弯了；再比如某次司机为启动507原地攒力准备蹿出去，结果后轮胎与地面摩擦过快着火了…… 当然，这些都是道听途说。

2路女司机

507最大的贡献是为厦门年轻人的想象力提供了无限发散的空间，衍生出了很多段子。有人说507车里像冰箱一样冷，无论什么天气都要穿棉袄，因为高速产生的低气压足以使地板上的积水结成冰；有人说507的终点本来在集美桥头，后来又往前延长了很长一段路，设站点理由是507每次刹车时都会由于惯性向前冲十几米，甚至最远能冲到后溪驾训考场。至于跟飞机竞逐，与火车赛跑之类的夸张想象更是人们对于「人间留不住，直向青天去」的美好愿望的寄托。

但太快也成了507的缺点，出于对路上交通安全的考虑，公交公司甚至在换车告示上显著标出了「车速更稳健」这一条。现在507都退出了公交舞台，但507留下的都市神话还在继续。

厦门有一条2路公交车路线，司机全部是女性，是厦门唯一一条由清一色女司机掌舵的巾帼线。每逢三八妇女节，公司会为2路车摆上百合花，系上很多蝴蝶结装饰，是公交线路上一道风景。

厦门传奇公交 507

坐公交车的最高境界是什么？有人总结是不想上车的时候被人挤上去，不想下的时候，又被人挤下来。这是对乘客而言。对厦门的公交车司机而言，“最高境界”就是成为公交507的司机。

厦门507路公交从20世纪80年代上路服务以来就是市区首屈一指的最快公交。它的路线是西起轮渡，北至集美，横跨三个行政区，因此乘客对507路的唯一要求就是快。所谓“天下武功，唯快不破”，这话套用在507上也合适。507太快，快到被人们列为都市传说之一。比如某次某乘客拉着铁扶手，没留神507突然急刹车，由于惯性太大，一使劲把铁扶手拉弯了；再比如某次司机为启动507，原地攒力准备蹿出去，结果后轮胎与地面摩擦过快着火了……当然，这些都是道听途说。

507最大的贡献是为厦门年轻人的想象力提供了无限发散的空间，从而衍生出了很多段子。有人说507车里像冰箱一样冷，无论什么天气都要穿棉袄，因为高速产生的低气压足以使地板上的积水结成冰；有人说507的终点本来在集美桥头，后来又往前延长了很长一段路才设站点，理由是507每次刹车时都会由于惯性向前冲十几米，甚至最远能冲到后溪驾训考场。至于跟飞机竞速、与火车赛跑之类的夸张想象更是寄托了人们“人间留不住，直向青天去”的美好愿望。

但太快也成了507的缺点，出于对路上交通安全的考虑，公交公司甚至在换车告示上显著标示出了“车速更稳健”这一条。现在507退出了公交舞台，但507留下的都市神话还在继续。

第六章

风云人物

陈黯：名落孙山专业户

陈黯石雕

一个人经过不懈努力最终获得成功，他曾经的住所会成为景点，比如唐代八闽第一状元欧阳詹所居的泉州清源山的欧阳石室备受后世读书人膜拜。一个人经过不懈努力却没有成功，他最终隐居的地方也不会被埋没，就像唐代参加十八次科举考试都名落孙山的陈黯所居的厦门金榜山的陈黯石室，也受到后世读书人的敬重。

说起陈黯十八次科举都不幸落榜，确实有些「怀才不遇」的味道，因为陈黯从小就文才出众。据说陈黯十三岁拜见清源县令时，县令看他脸上有个痘，就借机取笑陈黯道：「小诗童，黑痘瘢，博才而花貌，学萃而品歪」。陈黯听后知道县令是说自己脸上有痘十分难看，即使学富五车也是个歪瓜裂枣，难登大雅。于是陈黯立即作诗回应：「玳瑁应难比，斑犀定不如。天嫌未端整，满脸为装花」。意思是乌龟有斑而长寿，犀牛有斑而威严，上天是怕他不够端正才给他脸上加了颗痘。然而就是这样一位天才少年，却因为家里穷没能在年轻时参加科举，直到不惑之年才第一次踏入考场。随后二十年里，陈黯十八次进考场均名落孙山，连自己都开始自嘲取名「场老」。花甲之年陈黯最后一次科考后已经看淡了仕途，他遍览了吴楚秦雍一带的古迹名胜，最后在金榜山筑室隐居。

「金榜山」的名字，一说是陈黯取的，他仍对科考心有不甘；一说是后人改的，为圆陈黯「金榜题名」的心愿。无论如何，富有才华却不被时政所取，只能令后人唏嘘感慨了。

陈黯 科举落榜

南陈北薛

厦门历史上，有"南陈北薛"开发厦门的说法。唐中晚期，薛氏族人从长溪（今福安）迁到嘉禾屿（今厦门），与当时居住于此的陈氏并称"南陈北薛"。

陈黯：名落孙山专业户

一个人经过不懈努力最终获得成功，他曾经的住所会成为景点，比如唐代八闽第一状元欧阳詹所居位于泉州清源山的欧阳石室备受后世读书人膜拜。一个人经过不懈努力却没有成功，他最终隐居的地方也不会被埋没，就像唐代参加十八次科举考试都名落孙山的陈黯，他所居的厦门金榜山的陈黯石室，也受到后世读书人的追捧。

说起陈黯十八次科举都不幸落榜，确实有些“怀才不遇”的味道，因为陈黯从小就文才出众。据说陈黯13岁拜见清源县令时，县令看他脸上有个痘，就借机取笑陈黯道：“小诗童，黑痘瘢，博才而花貌，学萃而品歪。”陈黯听后知道县令是说自己脸上有痘十分难看，即使学富五车也是个歪瓜裂枣，难登大雅。于是陈黯立即作诗回应：“玳瑁应难比，斑犀定不如；天嫌未端整，满脸为装花。”意思是乌龟有斑而长寿，犀牛有斑而威严，上天是怕他不够端正才给他脸上加了颗痘。然而就是这样一位天才少年，却因为家里穷没能在年轻时参加科举，直到不惑之年才第一次踏入考场。随后二十年里，陈黯十八次进考场均名落孙山，连自己都开始自嘲取名“场老”。花甲之年陈黯最后一次科考后已经看淡了仕途，他遍览了吴楚秦雍一带的古迹名胜，最后在金榜山筑室隐居。

“金榜山”的名字，一说是陈黯取的，他仍对科考心有不甘；一说是后人改的，为圆陈黯“金榜题名”的心愿。无论如何，虽有才华却不被时政所取，只能令后人唏嘘感慨了。

苏颂：不只是宰相

苏颂生于北宋时期厦门的一个官宦之家，是个「官三代」。他的祖父、伯父、堂叔、兄长都是进士，父亲担任过大理寺丞等官职。虽然如此，苏颂并没有靠关系，却是科举出身。他勤奋好学，博览群书。二十二岁中进士后，从地方官到中央官吏，历任仁宗、英宗、神宗、哲宗、徽宗五朝重臣，七十三岁荣膺宰相，在官场算是做到极致了。但人家在高智商、高学历高职位的情况下，依然保持勤奋好学状态和探索精神，还成为宋朝著名的天文机械制造家、天文学家、药物学家，绝对是那个时代的超级学霸、无敌高富帅。

苏颂曾在宋朝文史馆和集贤院任职九年。这期间，他接触到了许多重要典籍和资料。苏颂饶有兴趣地翻阅这些资料，每天背诵两千字文章，回家后默写下来保存。

经过不断积累，苏颂成为上知天文、下知地理，博古通今的大学霸。厚积薄发，苏颂产生了很多灵感：一零八八年，他研制出了「水运仪象台」。仪象台高十二米，宽七米，相当于三层楼那么高。仪器用漏壶的水力推动运转，集天象观察、演示和报时三种功能于一体。也由此诞生了钟表的关键部件擒纵器。苏颂也因此被称为钟表之祖。

除此外，苏颂撰写的《新仪象法要》成为世界上至今为止保存最早最为完整的机械学资料之一。主持编校的《本草图经》收中草药一千零八十二种，载药图九百三十三幅，明代集大成医药学家李时珍在其基础上进行了借鉴和保留，编著了《本草纲目》。他还首创了科技诗，用文采飞扬的字句将高深严谨的科学知识形象地表达出来。苏颂作为北宋时期的学霸，随意游走于科学和艺术之间，堪当优质偶像。

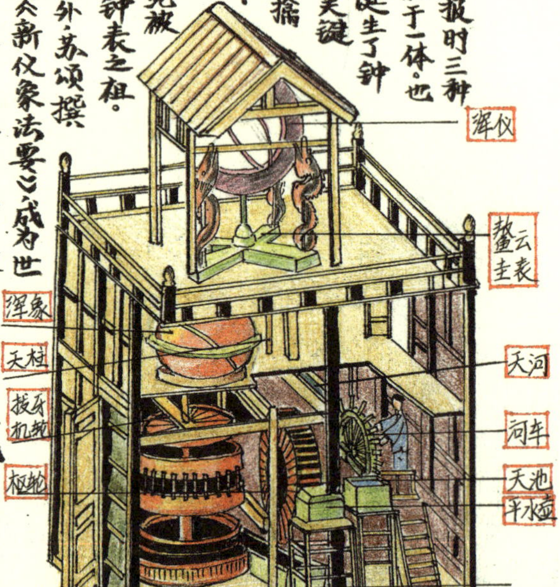

水运仪象台

苏颂发明擒纵器，比罗伯特·胡克早了6个世纪，比方和斐早了7个半世纪。（罗伯特·胡克、方和斐被认为是天文钟表的发明人）

苏颂的水运仪象台使用了34年。金兵攻下开封后，将仪象台迁往燕京想重新装配使用，但由于在搬运过程中损坏和遗失了不少零件，再加上没有能工巧匠复原，水运仪象台就算是被毁坏了。

苏颂：不只是宰相

苏颂生于北宋时期厦门的一个官宦之家，是个“官三代”。他的祖父、伯父、堂叔、兄长都是进士，父亲担任过大理寺丞等官职。虽如此，苏颂并没有靠关系，是科举出身。他勤奋好学，博览群书，22岁中进士后，从地方官到中央官吏，历任仁宗、英宗、神宗、哲宗、徽宗五朝重臣，73岁荣膺宰相，在官场算是做到极致了。但他在高智商、高情商、高学历、高职位的情况下，依然保持勤奋好学的状态和探索精神，还成为宋朝著名的天文机械制造家、天文学家、药物学家，绝对是那个时代的超级“学霸”、无敌“高富帅”。

苏颂曾在宋朝文史馆和集贤院任职九年。这期间，他接触到了许多重要典籍和资料。苏颂饶有兴趣地翻阅这些资料，每天背诵两千字文章，回家后默写下来保存。经过不断积累，他成为上知天文、下知地理、博古通今的大学霸。厚积薄发，1088年，苏颂研制出了“水运仪象台”。仪象台高12米、宽7米，规模相当于如今的三层楼。仪器用漏壶的水力推动运转，集天象观察、演示和报时三种功能于一体，由此诞生了钟表的关键部件擒纵器。苏颂也因此被称为钟表之祖。

除此外，苏颂撰写的《新仪象法要》成为世界上至今为止最早、保存最为完整的机械学资料之一；他主持编校的《本草图经》，收中草药1082种，载药图933幅，明代集大成医药学家李时珍在其基础上进行了借鉴和保留，编著了《本草纲目》；他还首创了科技诗，用文采飞扬的字句将高深严谨的科学知识形象地表达出来。苏颂作为北宋时期的“学霸”，随意游走于科学和艺术之间，堪当优质偶像。

朱熹在厦门抓偷税漏税

朱熹是儒家思想的集大成者，所以在厦门提到「朱熹曾为同安主簿」一职，大部分人第一时间想到的是他在当地主持修建的孔庙。其实，对于当时南宋百姓而言，朱熹在任期间最大的功绩是「正经界、减赋税」，通俗点说就是抓那些偷税漏税的地主让老百姓少交点税。

一一五四年至一一五七年朱熹任同安主簿正是高宗赵构统治后期，秦桧窃国的最后阶段。当时朝中官僚中饱私囊，地方富豪恶霸一方。朱熹到同安上任之后发现这里赋税情况极其不公平，虽然土地基本都被当地富豪霸占，但是百姓相对交税却更多，可谓「富者日益兼并，贫者日以困弱」。朱熹发现很多富豪都将自己的土地隐藏起来逃税，而很多百姓并不知道自己究竟有多少土地，只是盲目执行官府的纳税政策。然而，朱熹多次上书朝廷，言明危害，但都无果。不合理的税收政策实在有违关心民瘼，朱熹就发起了「正经界」的运动。「正经界」说起来简单，就是重新丈量土地并且登记在册，如此一来，富豪私藏的土地就要交税，不然则官府就会没收；百姓也厘清了自己的土地多少，免除了不少税收。这样一来，表面是为朝廷整顿当地税收，而在实质上起到了「劫富济贫」、调节贫富差距的作用。

据历史记载，朱熹是第一个提出「务实」的官员，他原本想以「佛老思想」感化百姓，但却在同安上任期间改用「儒家思想」教化百姓。总之，无论是「佛老思想」，还是「儒家思想」，为百姓说一句好话不如做一件实事，这才是判断好官与否的标准。

古代丈量土地

朱熹在厦门抓偷税漏税

朱熹是儒家思想的集大成者，所以在厦门提到“朱熹曾为同安主簿”，大部分人第一时间想到的是他在当地主持修建的孔庙。其实，对于当时南宋百姓而言，朱熹在任期间最大的功绩是“正经界，减赋税”，通俗点说就是抓那些偷税漏税的地主，让老百姓少交点税。

1154年至1157年，朱熹任同安主簿，正是高宗赵构统治后期，秦桧窃国的最后阶段。当时朝中官僚中饱私囊，地方富豪恶霸一方，朱熹到同安上任之后，发现这里赋税情况极其不公平，虽然土地基本都被当地富豪霸占，但是百姓相对交税却更多，可谓“富者日益兼并，贫者日以困弱”。朱熹发现很多富豪都将自己的土地隐藏起来逃税，而百姓们并不知道自己究竟有多少土地，只是盲目执行官府的纳税政策。朱熹多次上书朝廷，言明危害，但都无果。不合理的税收政策实在与关心民瘼不符，朱熹就发起了“正经界”的运动。“正经界”说起来简单，就是重新丈量土地并且登记在册，如此一来，富豪私藏的土地就要交税，否则官府就会没收；百姓也厘清了自己的土地有多少，免除了不少税收。这样一来，表面是为朝廷整顿当地税收，实质上起到了“劫富济贫”、调节贫富差距的作用。

据历史记载，朱熹是第一个提出“务实”的官员，他原本想以“佛老思想”感化百姓，却在同安上任期间改用“儒家思想”教化百姓。总之，无论是“佛老思想”还是“儒家思想”，为百姓说一句好话不如做一件实事，这才是判断好官与否的标准。

老将陈化成居然曾是上海城隍爷

陈化成雕塑

六十年前，上海曾有三大城隍爷：老城隍霍光、城隍秦裕伯和新城隍陈化成。这位新城隍陈化成不是上海人，他是福建同安县（今属厦门市）人。一八四零年，鸦片战争爆发，年过花甲的老将陈化成调任江南提督，他在吴淞口筑土塘，建二十六座土牛御敌，又铸造重炮，在吴淞口形成一条钢铁防御线。这些是他的军事策略，但陈化成最负盛名的是他廉洁奉公的为官之道和誓死不降、力战到底的铮铮铁骨。

有一次，陈化成生日那天，部下送来一幅金线绣的「寿」字锦旗欲讨其欢心，谁料到陈化成当场翻脸撕碎锦旗，把部下劈头盖脸臭骂一顿赶出了营帐。这事以后军队里的人都知道陈化成不喜欢阿谀奉承，可惜外人尚不知道。陈化成巡阅台湾时，当地官员按旧例准备了「礼品」，准备等停船时送上。陈化成远远发现岸边摆着大箱子的港口就让人绕过去，连岸都不靠。因此，陈化成在官员中也有「陈老倔」的外号，但士卒百姓喜欢称他「陈老佛」。驻守上海时，当地百姓因他廉洁，赞他「官兵都吸民膏髓，陈公但饮吴淞水」。

吴淞口要塞保卫战时，两江总督牛鉴亲自到陈化成营帐劝他「不宜开战，可以谈判」，陈化成却身先士卒，亲自点燃炮口，在小沙背东炮台的守兵都逃走的情况下，依然扼守西炮台，仅靠八十多名官兵就击毁英军敌舰八艘，歼灭敌人六百余人。当地人造陈公祠纪念他。后来抗日战争上海沦陷，人们又将他的雕像请到城隍庙，祈求他保佑战争快快胜利。

吴淞口要塞保卫战时，陈化成亲自指挥西炮台最早开炮，第一发炮弹就击中英军战舰"布朗底"号，另一发炮弹，把轮船"弗莱克森"号的一名测量手两腿打断。英军旗舰"皋华丽"号被击中多次，后樯被击中三炮，"布朗底"号被击中十四次，"西索斯梯斯"号被击中十一次，战争结束后，英军将领说："自与中国军队作战以来，中国人的炮火以这次为最厉害。"

陈化成指挥战斗

老将陈化成居然曾是上海城隍爷

六十年前，上海曾有三大城隍爷，老城隍霍光、城隍秦裕伯和新城隍陈化成。这位新城隍陈化成不是上海人，他是福建同安县（今属厦门市）人。1840年，鸦片战争爆发，年过花甲的老将陈化成调任江南提督，他在吴淞口筑土塘，建26座土牛御敌，又铸造重炮，在吴淞口形成一条钢铁防御线。这些是他的军事策略，但陈化成最负盛名的是他廉洁奉公的为官之道和誓死不降、力战到底的铮铮铁骨。

有一次，陈化成生日那天，部下送来一幅金线绣的“寿”字锦旗欲讨其欢心，谁料到陈化成当场翻脸，撕碎锦旗，把部下劈头盖脸臭骂一顿赶出了营帐。这事以后，军队里的人都知道陈化成不喜欢阿谀奉承，可惜外人尚不知道。陈化成巡阅台湾时，当地官员按旧例备好了“礼品”，准备等停船时送上，陈化成远远发现港口岸边摆着大箱子就让人绕过去，连岸都不靠。因此，他在官员中也有“陈老倔”的外号，但士卒、百姓喜欢称他“陈老佛”。驻守上海时，当地百姓因他廉洁，赞他“官兵都吸民膏髓，陈公但饮吴淞水”。

吴淞口要塞保卫战时，两江总督牛鉴亲自到陈化成营帐劝他“不宜开战，可以谈判”，陈化成却身先士卒，亲自点燃炮口，在小沙背、东炮台的守兵都逃走的情况下，依然扼守西炮台，仅靠八十多名官兵就击毁英军敌舰八艘，歼灭敌人六百余人。当地人造陈公祠纪念他，后来抗日战争上海沦陷，人们又将他的雕像请到城隍庙，祈求他保佑战争快快胜利。

让厦门百姓相信自己是个医生

「热带医学之父」帕特里克·曼森爵士曾在鼓浪屿生活了整整十三年。也是在这里，他发现蚊子是多种疾病的传播媒介。鼓浪屿上的百姓亲切地称他为「抓蚊子的大夫」。然而一个洋大夫要获得当地百姓的信赖，其过程也并不是太顺利。

一八七一年，曼森来到厦门开始行医。然而当时的厦门土著们并不接受西方医学，甚至由于受到外国侵略，还有「洋大夫吃中国小孩」的传言。虽然怀疑，但还是有很多穷苦人家在迫不得已的情况下找到教会医院看病，他们抱着「一刀下去了结残生」的想法而来，却大多都被曼森医治康复而回。当曼森从治好的病人口中得知厦门人对「手术刀」的恐惧时，他决定开设一个露天诊所来获得信任。不久后，一个没有围墙的诊所在鼓浪屿上开设起来，而红十字大旗代表着这里可以看洋大夫。

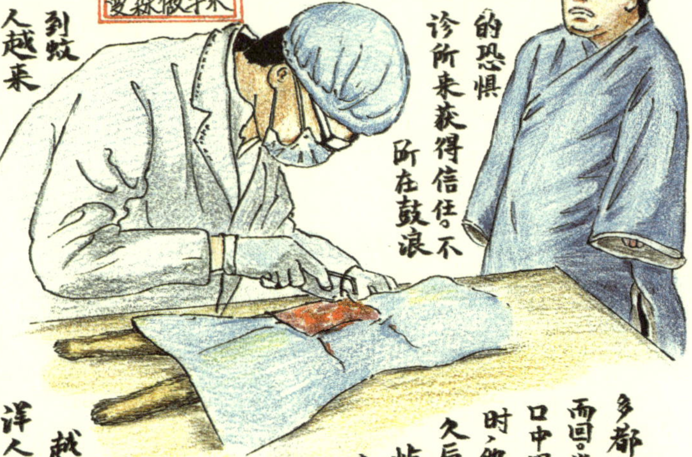

曼森做手术

每天，曼森都会在露天的手术台上解剖不同的生物，大到牛羊，小到蚊子。围观的厦门人越来越多，他们看到这个洋人只有手术刀而没有叉子、胡椒粉、番茄酱后，终于确定了曼森是来给厦门人民服务的，并且不会把他们「服务」到餐桌上。就在不断进行医学解剖并与厦门人交流的过程中，曼森搞明白了厦门当地很多古怪的疾病都是由蚊子传播引起的。后来当地人帮他抓蚊子做研究，他则为当地人种疫苗预防疾病。曼森也成为最早在中国推广接种疫苗的人。

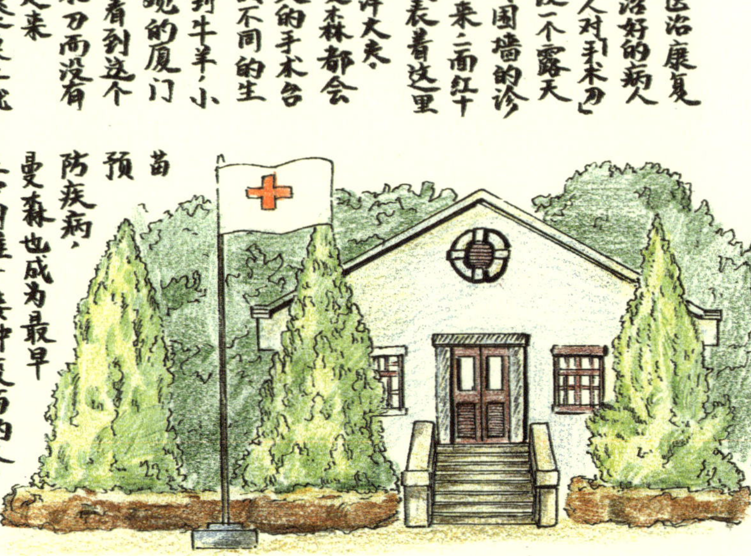

洋人诊所

让厦门百姓相信自己是个医生

“热带医学之父”帕特里克·曼森爵士曾在鼓浪屿生活了整整十三年，也是在这里，他发现蚊子是多种疾病的传播媒介。鼓浪屿上的百姓亲切地称他为“抓蚊子的大夫”。然而一个洋大夫要获得当地百姓的信赖，其过程也并不是太顺利。

1871年，曼森来到厦门开始行医，然而当时的厦门土著们并不接受西方医学，甚至由于受到外国侵略，还有“洋大夫吃中国小孩”的传言。虽然对洋大夫充满疑心，但还是有很多穷苦人家在迫不得已的情况下找到教会医院看病，他们抱着“一刀下去了结残生”的想法而来，却大多都被曼森医治康复而回。当曼森从治好的病人口中得知厦门人对“手术刀”的恐惧时，他决定开设一个露天诊所来获得信任。不久，一个没有围墙的诊所在鼓浪屿上开设起来，一面红十字大旗代表着这里可以看洋大夫。每天，曼森都会在露天的手术台上解剖不同的生物，大到牛羊，小到蚊子，围观的厦门人越来越多，他们看到这个洋人只有手术刀而没有叉子、胡椒粉、番茄酱后，终于确定了曼森是来给厦门人民服务的，不会把他们“服务”到餐桌上。就在不断进行医学解剖并与厦门人交流的过程中，曼森搞明白了厦门当地很多古怪的疾病都是由蚊子传播引起的。后来当地人帮他抓蚊子做研究，他则为当地人种疫苗预防疾病，曼森也成为最早在中国推广接种疫苗的人。

医者父母心。人与人之间，只要用心为对方着想行事，就能打破国界和语言的障碍，获得对方的信任。所以，如今在厦门依然有不少纪念曼森的雕塑，这是厦门人民对这位洋大夫的感恩与纪念。

陈嘉庚：即使卖大厦，也要建厦大

陈嘉庚这个名字在厦门可谓家喻户晓，虽然他在世界上是以“橡胶大王”的商业巨富而闻名，甚至有人将他称作“亚洲的亨利·福特”，但厦门人还是喜欢亲切地称他为“校主”。他曾有“即使卖大厦，也要建厦大”的豪言，事实也证明这绝不是陈嘉庚随便说说而已。

一九二一年陈嘉庚个人出资创办了厦门大学，并提出了“自强不息，止于至善”的校训。此后一直到一九二四年是陈嘉庚橡胶事业的巅峰，在这一段时间厦门大学也在其资助下设立了五个学院十七个系，在当时堪称高水平的综合性大学。然而从一九二六年开始，西方资本主义国家经济开始下滑，陈嘉庚的事业开始萎缩并出现财务赤字。然而，这时候厦大刚刚起步，如果经费短缺就很可能夭折，陈嘉庚只能贱价卖掉了自己的一个橡胶园，当时只有少数内部人知道其苦衷。陈嘉庚为了不让厦大师生内疚，还对外宣称是“产业转型”。一九二九年西方经济危机彻底爆发，陈嘉庚公司积欠银行债款近四百万元，英国汇丰银行为首的债权银行公开要求陈嘉庚停止资助学校，被陈嘉庚强烈拒绝，最后为了维持厦大的开支，陈嘉庚连续卖掉了自己的三座大楼，直到陈嘉庚离世前夕，还嘱咐“把集美学校办下去”，并将自己的巨额遗产捐给了国家。

陈嘉庚纪念馆

陈嘉庚不仅是商人、教育家、华侨领袖，更是一个慈善家，他办学的善举福泽着厦门后世。在厦门人的心中，也许这才是为商的最高境界：报效祖国，勇挑历史担当。

陈嘉庚：即使卖大厦，也要建厦大

陈嘉庚这个名字，在整个厦门可谓家喻户晓。虽然他在世界上是以“橡胶大王”的商业巨富而闻名，甚至有人将他称作“亚洲的亨利·福特”，但厦门人还是喜欢亲切地称他为“校主”。他曾有“即使卖大厦，也要建厦大”的豪言，事实也证明这绝不是陈嘉庚随便说说而已。

1921年，陈嘉庚个人出资创办厦门大学，并提出了“自强不息，止于至善”的校训。此后一直到1924年是陈嘉庚橡胶事业的巅峰，在这一段时间厦门大学也在其资助下设立了5个学院17个系，在当时堪称高水平的综合性大学。然而从1926年开始，西方资本主义国家经济下滑，陈嘉庚的事业开始萎缩并出现财务赤字。可这时候厦大刚刚起步，如果经费短缺就很可能会“夭折”。陈嘉庚只能贱价卖掉自己的一个橡胶园，当时只有少数内部人知道其苦衷，陈嘉庚为了不让厦大师生内疚，还对外宣称是“产业转型”。1929年西方经济危机彻底爆发，陈嘉庚公司积欠银行债款近400万元，英国汇丰银行为首的债权银行公开要求陈嘉庚停止资助学校，被陈嘉庚强烈拒绝，最后为了维持厦大的开支，陈嘉庚连续卖掉了自己的三座大楼。直到陈嘉庚离世前夕，还嘱咐“把集美学校办下去”，并将自己的巨额遗产捐给了国家。

在厦门人的心中，陈嘉庚不仅是商人、教育家、华侨领袖，更是一个慈善家，他办学的善举，福泽着厦门后世。也许，这才是为商的最高境界：报效祖国，勇挑历史担当。

清华大学有种『马约翰澡』

在清华大学，有种洗澡方式叫「马约翰澡」，它的顺序是这样的：洗一遍热水来一遍凉水再洗一遍热水再来一遍凉水。这种洗法考验毅力但绝对强身健骨，发明这种洗澡方法的人就是马约翰。

马约翰出生于厦门鼓浪屿，生性好动，十三岁入了私塾后仍然安静不下来，被先生斥为上蹿下跳的「皮猴子」。但就是这个「皮猴子」在一九零五年举办的上海万国运动会上拿下了一英里赛跑冠军，为当时孱弱衰败的国人露了回脸。由于马约翰在体育上的卓越才能，一九一四年，马约翰被聘请到清华大学任教，从此清华大学的体育教育因有了这位「异类教授」而大变样。当时，清华大学每年要送出一百多名学生到美国留学，但学生们大多数肩不能挑手不能提，跑两步就要喘个不停，学校实行「强迫运动」也无法提高学生们的运动积极性。马约翰常常翻着点名册挨个找到藏在树阴下角落里的学生陪他们一起运动。当时清华的体力测验及格标准是：爬绳十五英尺、一百码十三秒、跳远十四英尺、游泳二十码等等，马约翰为此制定了「体育不及格不能留洋」的规矩。著名学者吴宓跳远成绩是三点五米，而及格线是三点六五米，吴宓真的被马约翰扣了半年，体育及格后才得以去美国留学。

马约翰身上有股魔力，当他指着某位学生的肩膀调侃他：「Boy，太瘦了，要好好锻炼」。那名学生绝对会铆足了劲儿练出六块腹肌来给他看。他上课的时候总是瞪大眼睛双手攥拳在胸前挥动不断说：「要动！动！动！」受他的活力感染，清华大学出了不知多少文体兼修的名人。

清华大学马约翰雕像是校园四座室外人物像之一，其他三座是朱自清、闻一多和吴晗。

一门三杰：1930年，马约翰担任中国参加远东运动会的全国选手总教练。1936年，作为中国田径总教练，他参加了在柏林举行的第11届世界奥林匹克运动会。他的儿子马启伟也曾在春田大学攻读体育，是新中国女排第一任主教练，他的女婿牟作云是新中国篮球运动的奠基人，现在CBA的冠军奖杯就被命名为"牟作云杯"。

清华大学有种“马约翰澡”

在清华大学，有种洗澡方式叫“马约翰澡”，它的顺序是这样的：洗一遍热水，来一遍凉水，再洗一遍热水，再来一遍凉水。这种洗法考验毅力，但绝对强身健骨。发明这种洗澡方法的人就是马约翰。

马约翰出生于厦门鼓浪屿，生性好动，13岁入了私塾后仍然安静不下来，被先生斥为上蹿下跳的“皮猴子”，但就是这个“皮猴子”在1905年举办的上海万国运动会上拿下了1英里（约为1.6千米）赛跑冠军，为当时孱弱衰败的国人露了回脸。由于马约翰在体育上的卓越才能，1914年，马约翰被聘请到清华大学任教，从此清华大学的体育教育因有了这位“异类教授”而大变样。

当时，清华大学每年要送出100名学生到美国留学，但学生们大多数肩不能挑，手不能提，跑两步就要喘个不停，学校实行“强迫运动”也无法提高学生们的运动积极性。马约翰常常翻着点名册，挨个找到藏在树阴下、角落里的学生陪他们一起运动。当时，清华的体力测验及格标准是爬绳15英尺（1英尺约为0.3米）、100码（1码约为0.9米）13秒、跳远14英尺、游泳20码等，马约翰为此制定了“体育不及格不能留洋”的规矩。著名学者吴宓跳远成绩是3.5米，而及格线是3.65米，结果他真的被马约翰扣了半年，体育及格后才得以去美国留学。

马约翰身上有股魔力，当他拍着某位学生的肩膀调侃他“Boy，太瘦了，要好好锻炼”，那名学生绝对会铆足了劲儿练出六块腹肌来给他看。他上课的时候总是瞪大眼睛，双手攥拳在胸前挥动，不断说：“要动！动！动！”受他的活力感染，清华大学出了不知多少文体兼修的名人。

林语堂的『红玫瑰』与『白玫瑰』

张爱玲的小说《红玫瑰与白玫瑰》里有这样一段脍炙人口的话：「也许每一个男子全都有过这样两个女人，至少两个。娶了红玫瑰，久而久之，红的变了墙上的一抹蚊子血，白的还是床前明月光；娶了白玫瑰，白的便是衣服上的一粒饭粘子，红的却是心口上一颗朱砂痣」。著名作家林语堂也有这样两朵玫瑰，红玫瑰是他难以忘却的昔日恋人陈锦端，白玫瑰则是他相濡以沫的妻子廖翠凤。

林语堂年少时虽然风度翩翩，才气纵横，奈何家境一般，搁在现代是标准的「凤凰男」。如果在当代，穷小子爱上了白富美可能会有情人终成眷属，但在旧时代，这种事情几乎没有成功的机会。而在当时，陈锦端的父亲陈天恩是厦门首富，当这位有身份的体面人发现了女儿和穷小子的恋情时，极力克制住了心中的不快，彬彬有礼却不容转圜地拒绝了林语堂：「你不适合我的女儿，我给你介绍邻居的女儿廖翠凤，你俩正合适」。事后，林语堂向姐姐倾诉这段夭折的恋情的时候，反被他姐姐指鼻教训一顿，在姐姐看来，他们这种家庭又怎么可能养得起富家大小姐陈锦端呢？很快陈锦端就被她父亲送去美国留学，而林语堂则娶了廖翠凤。

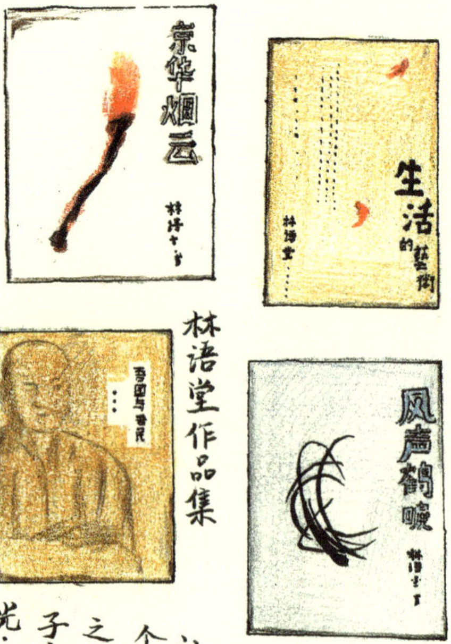

林语堂作品集

林语堂出名之后，当时很多人猜想他的婚姻会有变故，因为陈锦端直到三十多岁都没有结婚，林语堂心里也一直没有忘记陈锦端。可事情出乎他们的意料，林语堂将陈锦端深深地埋藏在心底，他决心与廖翠凤白头偕老，永远相爱。廖翠凤虽然没有陈锦端的风情，但她用她的大度、包容、淡泊、豁达赢得了林语堂的敬佩和感激。林语堂经常画一个女子，画中的女子一头长发挽起。孩子们向廖翠凤询问画中女子时，廖翠凤便坦然地告诉他们：「这是你父亲曾经喜欢过的陈锦端阿姨」。偶尔陈锦端来家里做客时，林语堂会表现得很紧张，廖翠凤看到了，也只是一笑而过。

林语堂与廖翠凤

林语堂的“红玫瑰”与“白玫瑰”

张爱玲的小说《红玫瑰与白玫瑰》里有这样一段脍炙人口的话：“也许每一个男子全都有过这样的两个女人，至少两个。娶了红玫瑰，久而久之，红的变了墙上的一抹蚊子血，白的还是‘床前明月光’；娶了白玫瑰，白的便是衣服上的一粒饭粘子，红的却是心口上一颗朱砂痣。”著名作家林语堂也有这样两朵玫瑰，红玫瑰是他难以忘却的昔日恋人陈锦端，白玫瑰则是他相濡以沫的妻子廖翠凤。

林语堂年少时虽然风度翩翩，才气纵横，奈何家境一般，搁在现代是标准的“凤凰男”。如果在当代，穷小子爱上了白富美，可能会有情人终成眷属，但在旧时代，这种事情几乎没有成功的机会。而在当时，陈锦端的父亲陈天恩是厦门首富，当这位有身份的体面人发现了女儿和穷小子的恋情时，极力克制住心中的不快，彬彬有礼却不容转圜地拒绝了林语堂：“你不适合我的女儿，我给你介绍邻居的女儿廖翠凤，你俩正合适。”事后，林语堂向姐姐倾诉这段夭折的恋情之时，反被姐姐指鼻教训了一顿。在姐姐看来，他们这种家庭又怎么可能养得起富家大小姐陈锦端呢？很快，陈锦端就被她父亲送去美国留学，而林语堂则娶了廖翠凤。

林语堂出名之后，当时很多人猜想他的婚姻会有变故，因为陈锦端直到三十多岁都没有结婚，林语堂心里也一直没有忘记陈锦端。可事情出乎他们的意料，林语堂将陈锦端深深地埋藏在心底，他决心与廖翠凤白头偕老，永远相爱。廖翠凤虽然没有陈锦端的风情，但她用她的大度、包容、淡泊，赢得了林语堂的敬佩和感激。林语堂经常画一个女子，画中的女子将一头长发挽起。孩子们向廖翠凤询问画中女子时，廖翠凤便坦然地告诉他们：“这是你父亲曾经喜欢过的陈锦端阿姨。”偶尔陈锦端来家里做客时，林语堂会表现得很紧张，廖翠凤看到了，也只是一笑而过。

不管是“朱砂痣”还是“蚊子血”，“白月光”还是“白米饭”，在爱情的世界里，分不清对与错，不问也罢。

万婴之母林巧稚

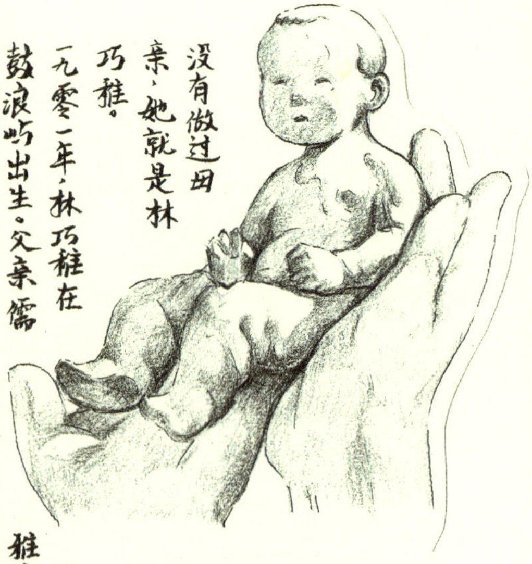

十月怀胎，一朝分娩。女人在历经生育之痛，迎来新生命后，都会拥有另一种幸福——做母亲的幸福。但是曾经有这样一个女人，她用尽一生为他人接生，五万多名婴儿从她手中来到这世上，但是她却终生未婚，没有做过母亲，她就是林巧稚。

一九零一年，林巧稚在鼓浪屿出生。父亲儒雅，母亲贤淑，家庭和谐美满。但命运弄人，在林巧稚五岁的时候，母亲因妇科病病故，这件事让林巧稚萌生了当医生的念头。

经过充分准备，一九二一年夏天，林巧稚报考了北京协和医院。由于上海的夏天特别闷热，考试很紧张，正当林巧稚答英语卷子的时候，忽听「扑通」一声，一同前来考试的同伴余琼英中暑晕倒了。林巧稚立即放下试卷将余琼英抬到阴凉处治疗。等事情处理完毕，林巧稚回到考场，考试时间已过，教室已空，林巧稚只好黯然离开，对考试已不抱什么希望。意外的是，发榜之日林巧稚却榜上有名。原来考官见她处理突发事件沉着果断，心理素质高，且未完成考试的情况下，总成绩并不低，于是破格录取。

毕业后，林巧稚想留在协和医院做妇产科医生，但是必须签一份残酷的合同。原来，老协和的管理者认为，一个女人不可能同时扮演贤妻良母和职业女性两种角色，所以规定要在协和工作就不能结婚，否则就会解聘。林巧稚思考再三，怀着矛盾的心情接下了这张聘书，终生未嫁。

虽然终生未婚，没有做母亲，但林巧稚却亲自接生了五万多名婴儿，用精湛的医术保住了很多生命，又是千万人的再生父母，「生命天使」、「万婴之母」的誉称实至名归。

由于当时生活水平低，医疗环境差，很多产妇生孩子都有危险。林巧稚用精湛的医术让产妇平安生产。被救的百姓为了感谢她，就给孩子起名“念林”、“爱林”、“敬林”、“仰林”等名字。

为了纪念她，人们在鼓浪屿上建毓园。之所以叫毓园，取的是“毓”字的培育、养育之意。

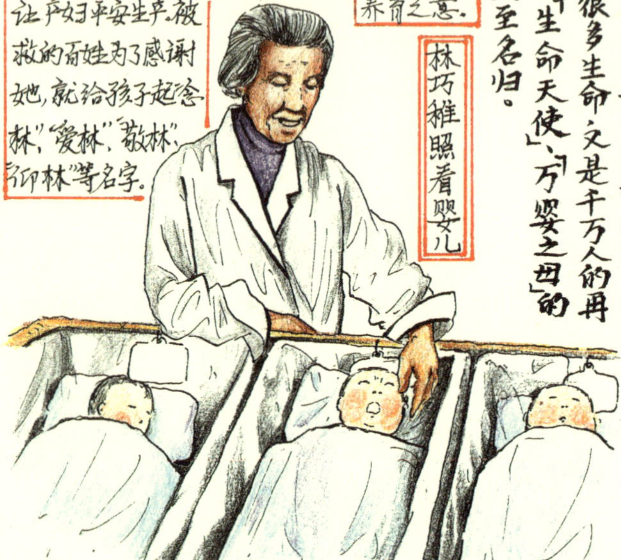

林巧稚照看婴儿

“万婴之母”林巧稚

十月怀胎，一朝分娩。女人在历经生育之痛、迎来新生命后，都会拥有另一种幸福——做母亲的幸福。但是曾经有这样一个女人，她用尽一生为他人接生，五万多名婴儿从她手中来到这世上，但是她却终生未婚，没有做过母亲，她就是林巧稚。

1901年，林巧稚在鼓浪屿出生。父亲儒雅，母亲贤淑，家庭和谐美满。但命运弄人，在林巧稚五岁的时候，母亲因妇科病病故，这件事让林巧稚萌生了当医生的念头。

经过充分准备，1921年夏天，林巧稚报考了北京协和医院。由于上海的夏天特别闷热，考试时气氛很紧张，正当林巧稚答英语卷子的时候，忽听“扑通”一声，一同前来考试的同伴余琼英中暑晕倒了。林巧稚立即放下试卷，将余琼英抬到阴凉处治疗。等事情处理完毕，林巧稚回到考场，考试时间已过，教室已空，林巧稚只好黯然离开，对考试已不抱什么希望。意外的是，发榜之日，林巧稚却榜上有名。原来考官见她处理突发事件沉着果断，心理素质高，且在未完成考试的情况下，总成绩并不低，于是破格录取。

毕业后，林巧稚想留在协和医院做妇产科医生，但是必须签一份残酷的合同。原来，老协和的管理者认为，一个女人不可能同时扮演贤妻良母和职业女性两种角色，所以规定要在协和工作就不能结婚，否则就会解聘。林巧稚思考再三，怀着矛盾的心情接下了这张聘书，终生未嫁。

虽然终生未婚，没有做母亲，但林巧稚却亲自接生了五万多名婴儿，用精湛的医术保住了很多生命，是千万人的再生父母，“生命天使”“万婴之母”的誉称实至名归。

收藏科勒德钢琴，被八十岁老太『相亲』

钢琴，被誉为「乐器中的贵族」，中国第一个钢琴博物馆就在厦门的鼓浪屿，很难想象缔造这样一个博物馆居然几乎仅凭一人之力，这个人就是胡友义。身为全球著名的钢琴人，胡友义花光了自己和祖辈的积蓄收藏了一百多架价值不菲的古钢琴，最后用于建造厦门钢琴博物馆。而在寻找和收藏的过程中，为得到科勒德钢琴还被八十岁的老太太「相亲」。

科勒德钢琴，是英国最古老的钢琴品牌，十九世纪初制造于英国伦敦，由于战争原因，如今这样的老古董在全球所剩无几。一九八八年，身在澳大利亚的胡友义得知一名为施密特的老夫人要出售一架科勒德钢琴，于是联系相熟的修琴专家介绍自己与老夫人相识。经过了解才知道这架钢琴是施密特的传家之宝，二战期间，她历尽千辛万苦，从英国把钢琴辗转带到澳大利亚，而当时已经八十岁的施密特寡居一人，要搬到老人公寓，想将这架钢琴出售给值得托付的人。胡友义不断想办法了解施密特的需求，而施密特也不断打听胡友义的为人，甚至还亲自去了墨尔本的「胡氏山庄」考察。之后两人相约见面，让胡友义想不到的是两人居然在半年的时间里见面数十次，就像是一个老太太替自己的女儿相亲一样，每一次施密特都有新问题，而施密特越是如此，胡友义越是敬重认真。临到要搬走钢琴的那一天，老太太竟抚琴痛哭，胡友义也感伤落泪。

科勒德钢琴一事，让胡友义的名字在澳大利亚传开，获得了「钢琴人」的雅号。我们相信每一架钢琴被胡友义收藏，都是遇到了真正的「知音」。

年份	1974年	未知	1990年	1972年
钢琴名	未知	齐克领钢琴	雕花镂空钢琴	斯坦威演奏琴
相关信息	拍卖会上收购到第一台古钢琴，并结识了一批修钢琴的专家。	世界最大，音量最响的四角钢琴，代价是一栋200平方米的房子外加一座花园。	最早的立式钢琴，钢琴两只脚是龙爪形，键盘像猪腰。卖主毁约转手拍卖行，胡友义一路跟随最终以高价拍得	任波兰总理的钢琴家帕德列夫斯基在澳洲开演奏会时弹奏过此琴。

收藏科勒德钢琴，被 80 岁老太“相亲”

钢琴，被誉为“乐器中的贵族”，中国第一座钢琴博物馆就在厦门的鼓浪屿。很难想象缔造这样一座博物馆，居然几乎仅凭一人之力，这个人就是胡友义。身为全球著名的钢琴人，胡友义花光了自己和祖辈的积蓄，收藏了100多架价值不菲的古钢琴，最后用于建造厦门钢琴博物馆。而在寻找和收藏的过程中，为得到科勒德钢琴，他还被80岁的老太太“相亲”。

科勒德钢琴是英国最古老的钢琴品牌，19世纪初制造于英国伦敦，由于战争，如今这样的老古董在全球所剩无几。1988年，身在澳大利亚的胡友义得知一位名为施密特的老夫人要出售一架科勒德钢琴，于是联系相熟的修琴专家介绍自己与老夫人相识。经过了解，才知道这架钢琴是施密特的传家之宝，二战期间，她历尽千辛万苦，从英国把钢琴辗转带到澳大利亚，而当时已经80岁的施密特寡居一人，要搬到老人公寓，想将这架钢琴出售给值得托付的人。胡友义不断想办法了解施密特的需求，而施密特也不断打听胡友义的为人，甚至还亲自去了墨尔本的“胡氏山庄”考察。之后，两人相约见面，让胡友义想不到的是，两人居然在半年的时间里，见面数十次。就像是一位老太太替自己的女儿相亲一样，每一次施密特都有新问题，而她越是如此，胡友义越是敬重。临到要搬走钢琴的那一天，老太太竟抚琴痛哭，胡友义也感伤落泪。

科勒德钢琴一事，让胡友义的名字在澳大利亚传开，获得了“钢琴人”的雅号。我们相信每一架钢琴被胡友义收藏，都是遇到了真正的“知音”。

图书在版编目（CIP）数据

厦门城事绘 / 马达著. -- 青岛 : 青岛出版社,
2017.2
ISBN 978-7-5552-5222-1

Ⅰ.①厦… Ⅱ.①马… Ⅲ.①地方文化－厦门－图集
Ⅳ.①K295.73-64

中国版本图书馆CIP数据核字(2017)第022617号

XIAMEN CHENG SHI HUI

书　　名　厦门城事绘
作　　者　马　达
绘　　图　许德龙　孙　聪　韩晔军　王平胜　丁　帅
出版发行　青岛出版社（青岛市崂山区海尔路182号）
本社网址　http://www.qdpub.com
邮购电话　18613853563
策　　划　马克刚　张　晓
责任编辑　刘　坤　祁聪颖
特约编辑　高文方　赵海明　吕　宁　曹雪贞　蒋云飞
装帧设计　蒋　晴　王文艳　张　晴　刘　欣　祝玉华
印　　刷　天津联城印刷有限公司
出版日期　2017年3月第1版　2023年5月第2次印刷
开　　本　16开（787mmx1092mm）
印　　张　12.5
字　　数　200千
书　　号　ISBN 978-7-5552-5222-1
定　　价　48.00元

编校印装质量、盗版监督服务电话　4006532017　0532-68068050